「冷蔵」「冷凍」「常温」
──どれがおすすめ？

食品長持ち
保存術

沼津りえ 著

目次

「保存の基本」を知ると
食材はもっとおいしく楽しめる！

冷凍すると「食材の味は必ず落ちてしまう」という印象を持つかたは、少なくありません。

それは、冷凍や解凍、食材に合った保存の方法などに、なんとなくあいまいな知識があるからではないでしょうか？

実は食材を買ったときから、どうやって調理してどう食べるかを意識することで、冷凍した食材でも格段においしい料理になるのです。

食材の保存方法というと「めんどうでわかりにくい」という印象を受けるかもしれませんが、特別な裏ワザやテクニックは必要ありません。考え方は実はシンプルです。

肉も魚も果物も野菜も、それぞれこのポイントを押さえておけば、たいていの場合はうまくいくという共通ルールがあります。それが「保存の基本」です。

この本では、その「保存の基本」をわかりやすく、きちんとご紹介しています。

「冷蔵は劣化を防ぐだけでなく、追熟させる」こともできます。冷凍した食材は「火の通りも早いし、味もしみ込みやすくなり、調理時間も短縮」できます。保存上手になれば、買い物の回数も減り、たくさんのメリットが生まれることでしょう。

食の価値観は、ライフスタイルに重なります。

「おいしく、楽しく、無駄なく食べる」ことで、日々の食卓が笑顔に包まれますことを。本書が、その一助となれば幸いです。

料理研究家・管理栄養士　沼津りえ

本書の使い方

流通時期

太線は主な品種が市場に流通する時期、細線は施設栽培や輸入品の流通時期の目安です。いわゆる「旬」の時期とは異なります。

可食部

野菜のへた、肉や魚の皮や内臓、骨などの廃棄する部分を除き、実際に食べることのできる部分を割合で表示しています。通常は廃棄される皮や種なども、調理の工夫によって食べられる場合は、可食部に含めています。

保存期間

それぞれの保存方法における保存期間の目安です。

保存のコツ

おいしく保存するための方法を記載しています。

解凍方法

冷凍した食材を解凍・調理する際のポイントを記載しています。

栄養素

可食部100gあたりの主な栄養成分を「日本食品標準成分表2020年版（八訂）」に基づいて記載しています（一部出典の異なるデータがあります）。
※数値が「Tr」となっているものは、成分は含まれているが微量であること、「－」は未測定を示しています。

保存方法アイコン

食材に適した保存方法をアイコンで表示しています。
◎ 最も適している　　○ 適している
△ あまり適していないが保存できる
× 保存できない

流通時期	常温	冷蔵	乾燥	冷凍
1 2 3 4 5 6 7 8 9 10 11 12	△	○	○	○

なす

可食部
95%
へたのみ破棄

まるごと冷凍で時短調理！

ハウス栽培で通年出回りますが、強い日光を浴びたほうが発色がよく、初夏〜秋の露地栽培ものがおいしいとされます。地域によりさまざまな品種がありますが、どれも味にクセがないため、ほかの食材と合わせやすく、味つけもしみ込みやすい特徴があります。水なすは特にアクが少ないので生食も可能です。

栄養素（可食部100gあたり）
エネルギー ———— 22 kcal
たんぱく質 ———— 1.1g
脂質 ————————— 0.1g
炭水化物 ————— 5.1g
無機質 カルシウム —18mg
　　　　鉄 ———— 0.3mg
ビタミンA β-カロテン当量
　　　　———————100μg
　　　　B₁ ——— 0.05mg
　　　　B₂ ——— 0.05mg
　　　　C ————— 4mg

40

| 凍 | 1カ月 | 蔵 | 1週間 | 常 | 1〜2日間 | 干 | 1カ月 |

へたも皮もそのままで

へたも切らず、皮をむかず、そのままポリ袋に入れ、冷凍・冷蔵。へたを落とすとそこから栄養と水分が抜けていく。
● 冷凍すると、しっとりとした食感に。浅漬けにすると、味がしっかりなじみやすくなる。

解凍方法

水に30秒〜1分つけると、包丁で簡単に切れて、なす特有のみずみずしさや香りもしっかり残る。しっとりとした歯ごたえになり、そのまま浅漬けにしたり、みそ汁に入れるとおいしい。水につけすぎると、栄養が流れ出てしまうので注意。

レシピ「ずんだなす」

材料と作り方（作りやすい分量）
❶冷凍なす2個は熱湯でやわらかくなるまでゆでる。水けをきり、あら熱をとって手で縦に裂き、しょうゆ・酒各大さじ1/2を回しかける。❷えだまめ1/2カップは熱湯でやわらかめにゆでて冷まし、さやから出し、薄皮をむいてあらく刻み、すり鉢であらくすり、砂糖大さじ1/2、塩少々で調味する（かたいようなら水を加え、ペースト状にする）。❸なすを軽くしぼり、②に加えてざっくりあえる。

● 大さじ1は15ml、小さじ1は5ml、1カップは200mlです。
● 電子レンジの加熱時間は、600Wを目安にしています。
● 基本のみそ床…みそとはちみつを2：1の割合でまぜ合わせる。

食材保存
の基本

食材保存の基本

「傷む」要因を知り
保存方法を考える

　どんな食材も「冷蔵、冷凍すれば大丈夫」ということはありません。基本的には、食材を完璧に保存することはできません。冷蔵庫で保存していても、食材は日々鮮度を失っていくわけです。

　では、食材が「鮮度を失う」とはどういうことでしょうか。その要因を理解すれば、食材ごとに、さらに的確な保存方法を、無理なく無駄なく選ぶことができます。

　食材が鮮度を失ったり腐敗したりすることを「傷む」といいます。

　傷むプロセスには、保存の方法と食材の特性によって、いくつかの要因がかかわるので、まずはその仕組みを知ることから始めましょう。

水分

　食材が含む水分量には差がありますが、水分が蒸発してみずみずしさを失う場合と、水分があることで微生物が増殖してしまう場合の2つのケースがあります。野菜などは、ラップやポリ袋で乾燥を防ぎ、肉や魚は余分な水分を残さないことが基本です。

酸化

　野菜や果物などの切り口が茶色くなってしまうのは、食材に含まれる酵素と空気中の酸素が反応（酸化）してしまうからです。りんごを塩水につけるのは、塩で酵素の働きを止めるためです。

日やけ

　日光の当たる場所に食材をおくと、温度が上がって変質します。「乾物、干物」は乾燥させる保存法ですが、伝統的な漬け物は光を遮断して劣化を防ぐ方法です。調味料などのびん詰めも光による劣化を避けるため「冷暗所に保存する」指示があります。

食材ごとに適した保存温度があります。冬の根菜などは「0〜5度」と低めですが、夏野菜は「5〜10度」が適温でしょう。冷蔵室で保存する場合、温度が低すぎても「低温障害」で、実が割れたり、食感や風味が悪くなったりする場合があります。

腐敗

温度障害

有益な微生物や酵母が働くと「発酵食品」となりますが、腐敗はさまざまな微生物が増殖して変質し、有毒な成分も作ります。黄色ブドウ球菌、サルモネラ菌などは、危険な食中毒も起こします。

熟成

害虫

野菜や果物は、収穫後にも成熟を続け、これを「追熟」と呼びます。この成熟を促すのが「エチレンガス」。りんご、アボカド、メロン、ブロッコリーなどは、エチレンガスを多く放出する食材。逆に、キウイフルーツ、バナナ、きゅうり、レタスなどは、その影響を受けやすいとされています。

生鮮食料品では、無農薬、低農薬の野菜にアオムシがついていることがあります。乾物や米など、長期間保存するものはシバンムシ、ヒラタムシなど、小さな虫がつくことがあります。未開封のものでも包装を食い破って入ることもあるので、長期保存には注意が必要です。

常温の基本

保存に適した場所を見つけて

　保存場所は、温度の違いによって分けることができますが、常温とは屋内での保存、と解釈されています。

　しかし、現在の住宅環境では、夏と冬の温度差はどうでしょうか？　昔の木造住宅であれば、冬は暖房のある部屋以外は「0 〜 15 度」だったでしょう。しかし、現在の住宅では、キッチンにも暖房があり、真冬でも室温は「20 度」ほどになるかもしれません。これまでは、野菜を新聞紙に包んで「冷暗所」においていたのですが、そんな冷暗所もなくなってしまったのです。

戸建て住宅

　住宅の構造や立地によって、室温の差があるので、その環境を理解することがポイントです。

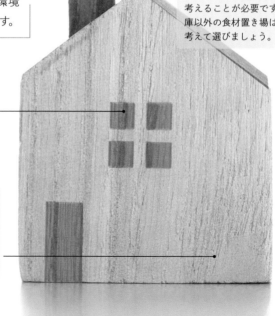

近年では「機密性の高いエコ住宅」がふえています。屋内全体の温度管理が通年なされているので、意識的に通風を考えることが必要です。冷蔵庫以外の食材置き場は、十分考えて選びましょう。

2 階の日当たりのよいキッチンは、酷暑に締め切って外出すると「40 度近く」に上がることも考えられます。

温度だけでなく、通気があることがたいせつです。北側の部屋や地下室などでは、秋〜春なら、野菜、果物、乾物などが保存管理可能です。

集合住宅

鉄筋コンクリートのマンションは、日当たりや階層によって、保存環境に差があります。建物の構造を考えて、保存場所を選びましょう。

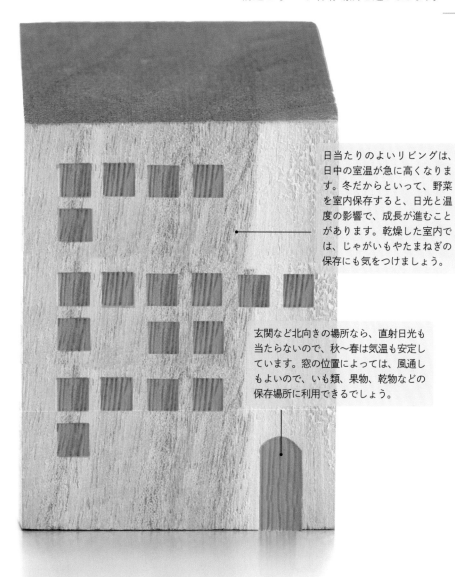

日当たりのよいリビングは、日中の室温が急に高くなります。冬だからといって、野菜を室内保存すると、日光と温度の影響で、成長が進むことがあります。乾燥した室内では、じゃがいもやたまねぎの保存にも気をつけましょう。

玄関など北向きの場所なら、直射日光も当たらないので、秋～春は気温も安定しています。窓の位置によっては、風通しもよいので、いも類、果物、乾物などの保存場所に利用できるでしょう。

食材保存の基本

冷蔵の基本

食材に合わせて使い分けを

家庭用の冷蔵庫には、最適な温度で食材が保存できるよう、チルド室や野菜室、パーシャル室を備えた複数ドアタイプがふえています。食材に合わせて賢く使い分けましょう。

※ JIS（日本産業規格）の目標値

季節によって
庫内温度は変わる

冷蔵室は、ドアの開閉によって庫内温度が変化します。そして、夏は庫内温度も高くなりがち。外気温の低い冬は、温度も低く保たれているのが一般的でしょう。

庫内温度を測定しながら、季節ごとに設定を変更するのが理想ですが、実際には難しいかもしれません。

温度設定は、夏は「強」に、冬は「弱」に変更するだけで、電気代が節約できるという調査もあるようです。年間を通して、家庭内ではいちばん電力を消費する家電なので、その機能を理解して使うことがたいせつでしょう。

庫内に熱い食材を入れない

熱いままの食材を冷蔵室や冷凍室に入れると、その放熱で庫内温度は上昇します。通常の冷蔵室は急速冷却できないため、長時間高めの温度のままで、庫内のほかの食材の冷却に影響を与えてしまう可能性があります。

下処理で加熱した食材は、しっかり熱をとってから、庫内に納めましょう。

冷蔵室
4度※

パーシャル室
-1〜-3度

庫内を清潔に保つ

　低温で管理されている冷蔵室でも、細菌が繁殖する可能性はあります。

　まずは細菌を庫内に持ち込まないこと。入れる前に汚れた包装などがないか、食材自体が傷んでいないか確認しましょう。多くの菌は、10度以下で増殖が遅くなりますが、庫内で二次汚染の可能性もゼロではないので、個々の食材はラップやポリ袋で管理しましょう。

　庫内の汚れなどは、雑菌の繁殖を招く可能性もあります。定期的にキッチン用のアルコールなどで洗浄消毒をして除菌を心がけましょう。

詰め込みすぎに注意！

　庫内に食材を詰め込みすぎると、庫内の温度にムラが生まれます。食材の賞味期限、消費期限などが確認しにくくなり、食べ忘れて廃棄するものがふえてしまう原因にもなります。

野菜室

　野菜室は野菜の保存に適している5～7度前後で設計され、加湿する構造、LEDで光合成を維持するものなど、メーカーごとにさまざまな工夫がされています。

　また、野菜室は冷蔵室にくらべて湿度が高くなっています。つまり、野菜室のほうが温度が低すぎず、ほどよい湿度により野菜の鮮度が保てるというわけです。

　ちなみに高湿度の野菜室は、野菜をそのまま入れても鮮度が落ちにくいとされますが、必要に応じて新聞紙やポリ袋、ラップなども利用するとよいでしょう。また湿気に弱いたまねぎやにんにくなどは高湿度の野菜室に入れないようご注意ください。

　熱帯原産の果実、野菜は、温度が低い庫内では「低温障害」を起こすこともあります。トマトやなすなどの夏野菜、パパイヤ、マンゴーなどのトロピカルフルーツも、10～5度の保存が理想とされています。夏場の屋内では温度が高すぎるため、野菜室での保存や設定温度を調節して保存するのがおすすめです。

野菜室
5～7度

冷凍室
-18度以下※

チルド室

　一般的な冷蔵室の温度は「3 〜 5 度」ですが、チルド室は「約 0 度前後」の氷温になっています。食材が凍らないギリギリのところで、劣化を防いでいるわけです。

　納豆やヨーグルトなどの発酵食品は、発酵を遅らせることによって、保存期間を長くすることができるようです。ただし、水分が多い食材は凍ってしまう可能性があるので不向きです。

保存に適した食材：チーズ・バターなどの乳製品、納豆・キムチなどの発酵食品、ちくわ・かまぼこなどのねり製品、生タイプのめん類、豆腐、魚介・肉類などの生鮮食品（パーシャル室がない場合）

チルド室
0〜2度

ドアポケット

　冷蔵室のドア部分は、開閉により温度が上昇しやすく、冷蔵室内より高めの温度になってしまいます。出し入れをする頻度の高い牛乳や、冷蔵が必須ではない食材を保存するスペースと考えましょう。

保存に適した食材：コーヒー、お茶、乾物、パンなど

食材保存の基本

冷凍の基本

冷凍室は、冷凍保存や冷凍食品を管理する場所。JIS規格では「－18度以下」ですが、メーカー各社は「－18〜－22度」の設定が多いようです。

庫内温度設定や冷凍食材の状況によって、実際の庫内温度には差があります。

冷凍の仕組み

冷蔵と冷凍の違いは、食材の細胞が凍ってしまうかどうかです。

細胞内の水分が凍ると、細胞膜が壊れ、解凍したときに水分が出てしまいます。これを「ドリップ」といい、肉や魚では、おいしさを左右するポイントになってきます。

ドリップにはうまみや栄養も含まれています。水分を失った食材は、組織がやわらかくなり、食感も変わりますので、解凍や調理法には工夫が必要です。

しかし、繊維がかための野菜などは、冷凍して細胞膜が壊れることで、味がしみ込みやすくなったり、煮込み時間が短縮できるようになります。

食材を冷凍する際、「－1〜－5度」のときに、細胞内の水分は大きな結晶になり、細胞膜が壊れやすくなります。これを「最大氷結晶生成温度帯」と呼びます。その「－1〜－5度」の温度帯を短時間で抜けることが冷凍保存の大きなカギ。細胞の壊れ方が小さくなり、おいしさが失われにくくなるのです。

おすすめの方法は、食材をこまかいサイズにし、アルミトレーなど熱伝導のよいものの上で冷凍すること。急速に温度を下げられるので、ダメージを少なくすることが可能です。

加熱や乾燥で水分が少なくなったものや、逆にスープやソース類、裏ごしした野菜などすでに組織が壊れているもの、パン、ごはん、もち、納豆などは、冷凍しても品質の低下が少ないといわれています。

パーシャル室

温度の目安は「－1〜－3度前後」で、チルド室よりもさらに温度が低く、微凍結の状態で保存することができます。刺し身などは完全には凍っていないため、解凍せずに食べることができます。

保存に適した食材：**魚介・肉類などの生鮮・加工食品**

解凍の基本

おいしさを逃さない解凍のコツって？

解凍方法によって、食材のうまみや食感、栄養価にも差が出てきます。

よくやりがちなのが、冷凍室から出して常温で解凍する方法ですが、これは凍った内部と表面との温度差が大きく、水分が流れてしまいます。

解凍にも、適切な温度があります。冷凍するときと同じように「－5〜－1度」の状態を短時間で通過させること。この温度帯が長く

1
加熱解凍（調理）

食材を凍ったままか、半解凍の状態でなべなどに入れて一気に火を通すと、ドリップの損失もなく、早くやわらかくすることができます。

2
冷蔵室内での解凍

冷蔵室は食材全体を低温に保ち、ダメージが少ない状態で解凍できます。

なると、食材内の水が再び凍り始めるので、細胞のダメージが大きくなります。

　冷凍時に細胞が大きく壊れた食材からは、水分（ドリップ）が出てきます。水分には栄養が含まれており、菌の繁殖も促してしまいます。解凍は、冷蔵室や氷水など「1〜5度の低温」で行うのがよいでしょう。

3

氷水解凍

氷水につけて解凍します。氷水は冷蔵室と同じくらいの温度。水は空気より熱伝導率が高いので、さらに早く解凍できます。

4

凍ったまま食べる

半解凍で、食感を楽しみながら食べるという方法もあります。

乾燥の基本

うまみと栄養をぎゅっと凝縮

野菜などを乾燥させたものは「乾物」で、魚などの動物性のものは「干物」と呼びます。食材の水分を除いて保存性を高める手法は、弥生時代には始まっていたと考えられています。

基本的には、天日と風によって乾燥させたり、自然に発酵させたりします。天日で干すことで、食材のビタミンDが増加したり、カルシウムや食物繊維も多く摂取できます。

「乾物」

「のり、ひじき、コンブ、干ししいたけ、お茶」などは、身近な食材で「常温で1年程度は保存可能」といわれています。湿気を避ける密閉容器に入れて冷暗所、冷蔵室などで保存する必要があります。

家庭でも「干し野菜」を作ることが広がってきました。干し野菜は切って干すだけの簡単な作業で作ることができます。

切る際は野菜の水分量と、料理での使い方を考えることが肝心で、薄いものほど短時間で乾燥させることが可能です。低温のオーブンや扇風機を使うことでも、乾燥度合いをコントロールすることができますので、食材に合わせて工夫しましょう。

しかし、自家製乾物は完全に乾かすことがむずかしいので、気温や湿度の高い時期はカビなどに要注意。基本的に冷蔵室や野菜室での保存がよいでしょう。

「干物」

干物は魚介類を塩水につけて干すことにより、表面に膜が張って保存性が高まり、独特の食感と食味を形成するものです。

天日干しが基本ですが、流通している商品の多くは機械乾燥のものです。干物の種類は多く、小魚類はそのまま干したもの、大きなものは内臓を除いて開きにして干したもの、焼いたり煮たりしたあとに干したものなど、食材の特徴を引き出した干物が多くあります。

自家製の「干物」を作ることもできます。

🍴 レシピ 「アジの一夜干し」

材料と作り方

アジの開きは、うろこ、内臓を処理して水洗いしたもの。「立て塩（3％の塩水）」に5〜6時間つけ、干す前に「振り塩（塩焼きのように直接魚に振る）」をする。しばらくおくと水分が出てくるので、それをふきとってから干す。ベランダや庭先に干す場合、カラスや猫に注意し、ネットなどに入れて、風の当たる場所につるすとよい。気温と湿度が高い時期は傷みやすいので、梅雨などは避ける。

食材保存の基本

塩漬け、漬け物

さまざまな漬け物が商品化され、便利に食べられる時代ですが、日本に昔からある食材保存法の一つです。

家電が普及する前は、生の野菜を長く保存することはできませんでした。各家庭で旬の野菜を「ぬか漬け、塩漬け、かす漬け、しょうゆ漬け」などに加工して保存する工夫をしていたわけです。

みずみずしい新鮮な野菜は、漬け物にしても本来の甘みやうまみを楽しむことができます。

保存場所

漬け物として加工されたものにも、塩分を控えたものは冷蔵室で保存するように指示があります。健康志向が高まり、塩分はどんどん控える傾向がありますから、自家製の漬け物も、冷蔵室で保存するようにしましょう。ぬか床なども、春夏の高温期には傷むことがあるので、塩分濃度に注意が必要です。

🥢レシピ
「たっぷりきのこのしょうゆ漬け」

材料と作り方 (作りやすい分量)
好みのきのこ (えのきだけ、しめじなど) … 300g
白ワイン (日本酒でもよい) … 大さじ 2
コンブ … 1枚 (3 × 3cm)　しょうゆ…大さじ 2
いり白ごま…小さじ 2

❶フライパンを弱火で熱してきのこを入れ、白ワインを加えて中火で 2 分加熱する。
❷保存容器に冷ました①とコンブを入れてしょうゆ、ごまを加え、全体をなじませて、冷蔵室に 1 時間以上おく。

🥢レシピ
「白菜の簡単浅漬け」

材料と作り方 (作りやすい分量)
白菜 … 1/4 個 (約 200g)　塩 … 小さじ 1/2
しょうが … 5g　コンブ … 2cm
赤とうがらし (種を除く) … 1/2 本
❶白菜は根元の白い部分を 5cm長さの拍子木切りにし、葉はざく切りにする。しょうがはせん切り、コンブはキッチンばさみで細切り、赤とうがらしは小口切りにする。
❷ポリ袋に①を入れて塩を振り入れ、全体をなじませるようにもむ。
❸水分が出てきたら冷蔵室に入れ、30 分以上おく。

そのほかの漬け物

　日本人にとって漬け物とは、塩、みそ、しょうゆ、ぬかなどで漬けたものですが、世界各国にも食材保存法として発展した漬け物がいくつもあります。

　欧米ではきゅうりやにんじんなどの野菜を塩や酢で漬けたピクルスがよく食べられています。ハーブやスパイスをきかせて、好みの味を演出するのが特徴です。韓国のキムチ、インドのアチャールなども、その国の気候や国民性が育てた食文化といえます。

🍴レシピ「豆のオイル漬け」

材料と作り方 (作りやすい分量)

水煮豆 (レンズ豆、緑豆、赤えんどう豆、ひよこ豆など好みのもの) … 合わせて 150g
油 (オリーブ油など好みのもの) … 1/2 カップ
塩 … 小さじ 1/4　粒黒こしょう … 8 粒くらい

❶油、塩、こしょうをよくまぜ合わせておく。
❷水煮豆はざるなどにあけ、よく水けをきる。保存容器に入れて①を注ぎ、冷蔵室で保存する。翌日から食べられる。

＊オリーブ油など、油の種類によっては冷蔵保存すると固まる場合がありますが、常温におけば元に戻ります。味にも問題ありません。2割ほどサラダ油をブレンドすると固まりにくくなります。

🍴レシピ「らっきょうの甘酢漬け」

材料と作り方 (作りやすい分量)

らっきょう … 500g　塩 … 25g
A｜酢 … 1 カップ　砂糖 … 1/2 カップ
　｜赤とうがらし (種を除く) … 1本

※ A に塩小さじ2を加えても OK。保存性が高まり、キリッとした味わいに。

❶薄皮まで取り除き、水洗いしたらっきょうに塩をまぶし、ひと晩おく。
❷A はひと煮立ちさせて冷ましておく。
❸①の水分をよくふいて保存容器に入れ、②を注ぎ、冷暗所で保存する。3 カ月たったら冷蔵室で保存し、約1年保存可能。漬けて1カ月後から食べられるが、3カ月以降がおいしい。

🍴レシピ「キャベツのカレーピクルス」

材料と作り方 (作りやすい分量)

キャベツ … 1/4 個 (約 200g)
A｜穀物酢 … 1/2 カップ　水 … 1/4 カップ
　｜砂糖大さじ 3　塩小さじ 1
　｜カレー粉 … 小さじ 1

❶A をひと煮立ちさせ、ざく切りにしたキャベツを入れて火を止める。
❷あら熱がとれたら保存容器に入れ、冷蔵室で保存する。

第 1 章

野菜

野菜保存の基本

　野菜は健康管理において欠かせません。常に何種類かの野菜を保存し、上手に使っていきたいものです。

　住宅のキッチンスペースや温度を考えて、ほとんどの野菜の保存が冷蔵室というかたもいるでしょうが、常温保存に向く野菜もたくさんあります。

　トマトやなすなどの夏野菜にとって、冷蔵室の庫内温度（4度前後）では、低温障害で味が損なわれることもあります。かといって、真夏の室温（20～30度）におくと、傷みが進んでしまいます。使いきるタイミングや保存場所を考え、上手においしく食べたいものです。

常温　野菜の旬と保存場所を考えて

　夏野菜のトマトやピーマン、冬野菜のだいこん、ねぎ、ほうれんそう。どれも一年を通じて流通しています。

　温暖化が進み、野菜の旬もひと昔前の定説からは徐々に変化しています。一方では、施設栽培の技術が向上したため、安定した品質、天候に左右されない価格が期待されています。

　夏以外の時期で室温が20度前後なら、夏野菜は常温でも保存できます。

　しかし、野菜は収穫後も生きているので、果菜は「追熟」が進みます。きゅうりなど

は、果肉はやわらかくなりますが、果肉のかたいトマトは追熟で糖度を上げることもできます。

　いも類や、たまねぎ、ごぼうなどの根菜類は、風味を長もちさせるため、土や泥を洗い落とさずに、そのまま保存します。いずれの野菜も直射日光は避け、風通しのよい場所におき、常温のメリットを考えた保存をしましょう。

　高温多湿の夏期には、常温保存は適さないので冷蔵保存を考えます。

冷蔵　基本は野菜室。プラスひと工夫でさらに長もち

　冷蔵に適した野菜の場合、基本的にはすべて野菜室で保存します。食材に合わせて水分を補ったり立てて保存したりすることで、さらに新鮮な状態をキープすることができます。

ポリ袋

水分の蒸散を防ぐため、野菜はポリ袋に入れて保存するのが基本です。野菜をつぶさないように気をつけながらできるだけ空気を抜いたら、口をしっかりとしばります。

湿度を補ってポリ袋

みょうがや葉のやわらかいハーブ類などは、特に乾燥に弱いため、ぬらしたキッチンペーパーで包んだりして水分を補うことでさらに長もちします。

立てて保存

アスパラガスやねぎなど、もともと縦に生えていた野菜は、保存する際も立てておくことでより長もちします。

保存容器に水を張って

もやしや香菜などは、水にひたした状態で保存するとシャキシャキした食感が長もちします。

25

| コツを押さえて冷凍でもフレッシュなおいしさをキープ

　すぐに食べない野菜は、冷凍保存がおすすめです。冷凍や解凍ムラを防いでおいしく食べるために、いくつかのポイントを押さえておきましょう。

水分をとる

余分な水分は極力とり除いておくのが鉄則。洗ったり、ゆでたりして野菜についた水けは、しっかりとふきとっておきましょう。

空気を抜く

酸化や霜を防ぐために、空気はできる限り抜いてから冷凍しましょう。

食べやすく切る

あらかじめ食べやすい大きさに切っておくと使うときに楽なうえ、冷凍・解凍の際も温度ムラがなくスムーズです。

加熱する

生のままの冷凍に適さない野菜は、さっといためる、かためにゆでるなどの加熱処理をしてから冷凍します。

ピクルスの基本

野菜の保存方法の一つとして、ピクルスという選択肢を持っておくとよいでしょう。冷蔵や冷凍で長く保存しようとすると、野菜本来の歯ざわりはどうしても失われてしまいますが、ピクルスならシャキシャキとした食感を保ったまま、日もちさせることができます。そのまま食べるだけでなく、サラダやいため物、スープなど、料理のアレンジの幅も広がります。

🍴 ピクルスの基本レシピ

材料
好みの野菜…適量（きゅうり1本、パプリカ1個、
　ズッキーニ1本、セロリ1本など）
ハーブ類…適量
各配合のピクルス液
作り方
❶なべにピクルス液の材料を入れ、ひと煮立ちさせる。
❷野菜は下ごしらえして好みの大きさに切る。
❸②をバットに並べてハーブ類を散らす。
❹①のピクルス液を③にかけ、冷めるまでおいて味をなじませる。

🍴 ピクルス液の配合レシピ

1 基本のピクルス

酢…1/2カップ
白ワイン…1/4カップ
水…1/4カップ
砂糖…大さじ3
塩…大さじ1　ローリエ…1枚
赤とうがらし…小2本
黒粒こしょう…小さじ1

2 和風ピクルス

塩…少々
酢…1カップ
しょうゆ…大さじ4
コンブ…5cm角

3 かんたんすし酢ピクルス

すし酢…3/4カップ
レモンのしぼり汁
　…1/2個分
レモンの皮の細切り
　…1/2個分

4 基本の南蛮酢

酢…1/2カップ
水またはだし…1/2カップ
砂糖…大さじ2
しょうゆ
　…小さじ2
塩…小さじ1/2

5 エスニック甘酢

ナンプラー
　…大さじ4
砂糖…大さじ4
水…1/2カップ
米酢…大さじ4
にんにくのみじん切り…3かけ分
赤とうがらしの小口切り…3本分

6 基本の酢の物の割合

しょうゆ…1
酢…1
みりん…1

7 きゅうりのカリカリ漬け

しょうゆ…1/2カップ
みりん…1/2カップ
酢…1/2カップ

8 みりんしょうゆ漬け

しょうゆ…大さじ2
みりん…大さじ4
塩…適量

トマト

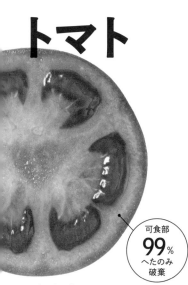

可食部
99%
へたのみ
破棄

冷凍することで
さらにうまみがアップ！

通年出回る大玉トマトの主流は「桃太郎」というピンク系の品種。夏の盛りには高温で味が落ちるため、北海道や高地栽培のものが人気です。抗酸化作用の高いリコピンが豊富で、生活習慣病の予防などに効果が期待できます。加熱料理にはグルタミン酸を多く含む赤系品種が向きます。

栄養素（可食部100gあたり）

エネルギー	20kcal
たんぱく質	0.5g
脂質	0.1g
炭水化物	4.1g
無機質 カルシウム	7mg
鉄	0.2mg
ビタミンA β-カロテン当量	540μg
B₁	0.05mg
B₂	0.02mg
C	15mg

凍 1カ月 **蔵** 10日間

使い回しできる冷凍保存が便利

ポリ袋に入れ、冷凍・冷蔵を。冷凍したトマトは味が凝縮されておいしい！ トマトに含まれるうまみ成分「グルタミン酸」「アスパラギン酸」は、冷凍することで質が高まるため、よりおいしく食べられる。
- 冷凍して皮ごと料理。皮が気にならない。
- 冷凍は、酸味がやわらぐためソースや煮込みにも向く。

💧 解凍方法

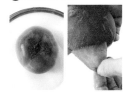

冷凍したトマトを水に30秒〜1分つけると手で簡単に皮がむける。そのまま室温においておくと、水とともにトマトの汁がしみ出て、味が抜けてしまうので注意。皮をむいたら、すぐにいため物や煮物などの料理に使って。

凍 1カ月

簡単！トマトソース

へたをとり、ポリ袋に入れ、袋の上から手で押しつぶす。お好みでバジルなどを加えて冷凍するのもおすすめ。砂糖を加えて凍らせれば、「シャーベット」が手軽にできる。

皮ごとすりおろしてドレッシングに

ドレッシングに使用する際は、冷凍トマトを皮ごとすりおろして、油、酢、塩、こしょうと合わせるだけで、華やかな色のトマトドレッシングができる。カルパッチョや生野菜、カツ、ムニエルのソースなど使い方はいろいろ。

👨‍🍳 レシピ「トマトクリーミーリゾット」

材料と作り方（1〜2人分）

❶フライパンににんにくのみじん切り小さじ1/2、オリーブ油小さじ1を入れ、弱火にかける。❷にんにくの香りが立ってきたら細切りにしたベーコン1枚分を加え、いためる。❸冷凍トマト1個を4等分にして加え、つぶしながらいためる。❹茶わんに軽く1杯分のごはんをさっと洗い、牛乳（生クリームでも）1/2〜3/4カップとともに加え、水分がとぶまで煮る。❺粉チーズ小さじ2を加え、塩、こしょう各少々で味をととのえる。

ミニトマト

可食部 **99%** へたのみ破棄

干 1カ月

ビタミンC・Eが倍以上アップ

ミニトマトはへたをとって、半分にカットし、種をスプーンなどでとり除く。キッチンペーパーで
水分をふきとり、塩（7〜8個につき小さじ1程度）を振る。それを天日で2日ほど干して完成。
干しっぱなしは厳禁。夕方になったら必ず部屋に入れて。または140度のオーブンで40分〜1時間
ほど焼けば完成。
手軽に干せて、ビタミンC・Eの栄養価が倍以上アップし、甘みも増す。

- ドライトマトは味が凝縮して甘みが増すため、そのままデザート感覚で。
- ドライトマトのチャーハンは絶品。食感と酸味と甘みが絶妙。

凍 1カ月 蔵 10日間

まるごと冷凍し、おいしさを閉じ込めて

ミニトマトはパックごと冷凍すると状態が悪
くなるので、洗って水けをとり、冷凍用保
存袋に入れて冷凍を。味が凝縮され、さら
においしくなる。へたをとると水分やうまみ
が抜けてしまうので、つけたまま保存する
のがポイント。解凍する際もへたつきのま
ま洗い、水けをとったあとにとり除く。冷
凍したものは人数に合わせて手軽に分量を
調整しながら使用。

💧 解凍方法

解凍すると水っぽくなり、おいしさが激減す
るので、半解凍で食べるのがおすすめ。解
凍せず、そのまま調理すると、さらにおいし
く食べられる。

漬 1週間（冷蔵）

🔘 レシピ「ミニトマトのピクルス」

材料と作り方（作りやすい分量）
❶ミニトマト（赤・黄）各8個はへたをとり、熱湯に
15秒ほどつけ、冷水にとって皮をむく。❷小なべに基
本のピクルス液（p.27参照）とカラフルペッパー小さ
じ1を入れて火にかける。❸沸騰したら火を止め、冷
めたら①を入れる。❹保存容器に移し入れ、冷蔵室
で半日以上おく。

29

ピーマン

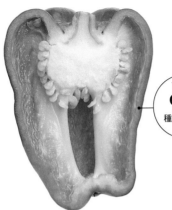

可食部
99%
種も食べられる

ピーマンの苦みが苦手な人は冷凍で！

とうがらしの仲間で、独特の苦みを持つピーマンは、未熟な緑色の状態で収穫したもの。肉厚で甘みの強いパプリカは、完熟してから収穫します。ともにビタミンC・E、β-カロテンが豊富ですが、完熟させているぶん、全体的な栄養価はパプリカのほうがやや高くなります。

栄養素（可食部100gあたり）

エネルギー		20kcal
たんぱく質		0.7g
脂質		0.1g
炭水化物		4.6g
無機質	カルシウム	11mg
	鉄	0.4mg
ビタミンA	β-カロテン当量	400μg
	B₁	0.03mg
	B₂	0.03mg
	C	76mg

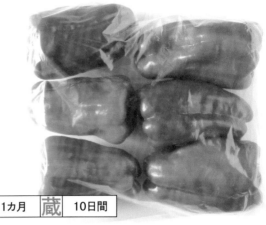

凍 1カ月　蔵 10日間

まるごと冷凍保存もOK

まるごとポリ袋に入れ、冷凍・冷蔵保存を。まるごと冷凍する以外に、せん切り、乱切りなど使いやすく切って冷凍も。
ピーマンは冷凍すると繊維が壊れて、シャキシャキ感は失われてしまうが、苦みを感じにくくなるというメリットがある。ビタミンC・Pなどの水溶性ビタミンの損失はあるが、脂溶性ビタミンやミネラル、食物繊維はさほど失われない。
● ピーマンの種はオムレツにまぜるとフワフワに。
● 冷凍したものは香りが強いのであえ物に。

解凍方法

解凍は水に30秒ほどつけると、包丁でサクッと切れるうえ、わたと種も簡単にとれる。解凍後の香りは強い。繊維を断ち切るように包丁で切り、ゆでると、ピーマン独特のシャキシャキとした歯ごたえが楽しめる。

レシピ
「冷凍ピーマンの塩漬け」

材料と作り方（作りやすい分量）
細切りにして冷凍したピーマン3個分とパプリカ1/4個分に塩小さじ1/2を振ってまぜ、しんなりしたら軽い重しをのせて2時間ほどおく。汁けを軽くしぼって食べる。

パプリカ

流通時期

	常温	冷蔵	乾燥	冷凍
	△	○	◎	◎

1 2 3 4 5 6 7 8 9 10 11 12

可食部
90%
種も食べられる

干　10日間（冷蔵）・1カ月（冷凍）

一夜干しでほどよく水分を抜く

水分がほどよく抜けて味が濃くなる。いため物などに使うと、水っぽさがなく、おいしくできる。

干したあと、ポリ袋や保存容器に入れて冷蔵で10日、冷凍で1カ月保存可能。

- いため物に使う場合、少ない油ですぐになじみ、短時間で仕上がる。
- 甘みがぐっと強くなる。

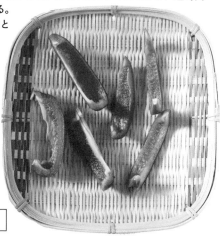

蔵　10日間

冷蔵保存の方法は大きく分けて2つ

切って冷蔵する場合は、傷みの早いへたと種をとってラップで包んで。まるごと冷蔵する場合は、キッチンペーパーで包んでからポリ袋に入れて野菜室へ。

栄養素（可食部100g あたり）

パプリカ（赤）

エネルギー	28kcal
たんぱく質	0.8g
脂質	0.2g
炭水化物	6.9g
無機質　カルシウム	7mg
鉄	0.4mg
ビタミンA　β-カロテン当量	940μg
B$_1$	0.06mg
B$_2$	0.14mg
C	170mg

凍　1カ月

冷凍することで甘みアップ！

せん切り、乱切りなど使いやすく切って冷凍。生のパプリカをそのまま冷凍することで、ビタミンCなどの栄養価をキープできる。食感は損なわれるが、ピーマンほどではない。さらに、ピーマンと同様、繊維を断ち切るように切ることで、食感をある程度保つことができる。火の通りが早く、甘みも出やすい。

- 甘みが生よりも強くなるのでラタトゥイユなどにおすすめ。

🧑‍🍳 レシピ
「パプリカの焼きびたし」

材料と作り方（作りやすい分量）

❶フライパンにごま油小さじ1を熱し、細切りにして**冷凍したパプリカ**（黄・赤）各1/2個分の両面を焼く。❷保存容器にポン酢しょうゆ大さじ1と削り節2gを合わせ、熱いうちに①を入れ、よくまぜて、冷ます。

流通時期
1 2 3 4 5 6 7 8 9 10 11 12

ししとうがらし

可食部
99%
種も食べられる

冷凍しておけば
彩り野菜として
大活躍!

ピーマンやパプリカと同じく、とうがらしを食べやすく改良した野菜ですが、水不足や高温などのストレスが加わると辛くなる場合が。基本的に緑色の未熟な果実を収穫しますが、熟れて甘みが増したものも甘とうがらしと呼ばれ、食べられます。

栄養素（可食部100g あたり）
エネルギー ——— 24kcal
たんぱく質 ——— 1.3g
脂質 ——— 0.1g
炭水化物 ——— 4.8g
無機質 カルシウム — 11mg
　　　 鉄 ——— 0.5mg
ビタミンA β-カロテン当量
　　　　 ——— 530μg
　　　 B₁ ——— 0.07mg
　　　 B₂ ——— 0.07mg
　　　 C ——— 57mg

凍 1カ月 **蔵** 10日間

へたをとらずまるごと冷凍

まるごとポリ袋に入れ、冷凍保存。冷凍後はそのまままるごと調理して。特別解凍の必要なし! 包丁でもサクッと切れる。生のまま冷凍することでビタミンなどの栄養価もキープ。

● 火の通りが早いので、短時間で調理できる。
● 冷凍は、へたの先端を切るだけで、まるごとそのまま使用。食感を損なわず、おいしく食べることができる。

💧 解凍方法
ゆっくり解凍すると、水っぽくなるので、冷凍のまま手早く調理に使用。

👤 レシピ
「しょうゆいため」
材料と作り方（作りやすい分量）
❶フライパンにごま油小さじ1を熱し、冷凍したししとうがらし1パック分を入れ、強火でいため、しょうゆ小さじ1を回しかける。

👤 レシピ
「ポン酢
しょうゆづけ」
材料と作り方（作りやすい分量）
❶冷凍したししとうがらし1パック分をそのままさっとゆでて水けをきる。❷保存容器にポン酢しょうゆ大さじ1、削り節適量を合わせ、①を熱いうちに入れる。

とうがらし

流通時期
1 2 3 4 5 6 7 8 9 10 11 12

常温	冷蔵	乾燥	冷凍
△	○	◎	◎

可食部
99%
種のみ
破棄

冷凍・乾燥で一年中常備しておきたい！

辛みをつけるためのスパイスとして、主に乾燥物が利用されますが、7月～12月には国産の生のものが出回ります。乾燥とうがらしの保存は、とにかく湿気から守るのがポイントです。

栄養素（可食部100g あたり）
青とうがらし生

エネルギー		72kcal
たんぱく質		2.9g
脂質		1.3g
炭水化物		18g
無機質	カルシウム	20mg
	鉄	2.0mg
ビタミンA	β-カロテン当量	6600μg
	B₁	0.14mg
	B₂	0.36mg
	C	120mg

凍 1年

旬を冷凍しておいしさキープ

まるごとポリ袋に入れて冷凍。生とうがらしを旬の時期に冷凍しておけば、劣化せずに長期間おいしく食べることができる。

解凍方法
使用量だけキッチンばさみで切って使用。残った部分は冷凍・乾燥保存可能。

干 1年

乾燥後保存びんに入れて常温で保存

しっかり乾燥させてから保存びんに入れ、日の当たらない場所で常温保存を。乾燥させることで、辛み成分が全体に行き渡り、さらに辛みが増す。

レシピ「自家製食べるラー油」

材料と作り方（作りやすい分量）
❶にんにく2かけ、しょうが1かけ、ねぎ1/2本はみじん切りにする。❷小なべにしょうがとにんにく、ごま油1/2～3/4カップを入れ、にんにくがカリッとするまで弱火で加熱する。ねぎを加え、さらに1分加熱する。❸いり白ごま大さじ2、フライドオニオン大さじ3、韓国粉とうがらし大さじ1、コチュジャン・砂糖・しょうゆ各小さじ1を加えてよくまぜ、5分ほど加熱する。※ごま油の分量は好みで調節を。1日おくと味がなじむ。

33

さやいんげん

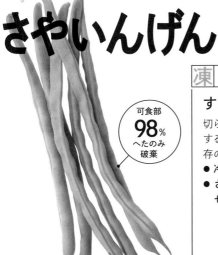

可食部
98%
へたのみ
破棄

冷凍しても
食感は落ちない

旬は夏ですが、栽培方法によって収穫時期をずらして1年に3回収穫できることから「三度豆」とも呼ばれます。一般的に流通しているのは「どじょういんげん」という丸さや系の品種ですが、つるの有無やさやの長さによってさまざまに分類され、数百種類もの品種があるといわれています。β‐カロテン、ビタミンC・Eなどの抗酸化力の高い栄養素をバランスよく含みます。

栄養素（可食部100gあたり）

エネルギー		23kcal
たんぱく質		1.3g
脂質		0.1g
炭水化物		4.6g
無機質	カルシウム	50mg
	鉄	0.7mg
ビタミンA	β‐カロテン当量	
		520μg
	B_1	0.06mg
	B_2	0.11mg
	C	8mg

凍　1カ月

すじもへたもとらず、そのまま冷凍

切らずにそのままポリ袋に入れ、冷凍。へたつきのまま冷凍するので、劣化もなく、栄養価もキープ。塩ゆでして冷凍保存の場合は2週間保存可能。
- 冷凍したものは折って使用できる。お弁当の彩りにも大活躍。
- さっとゆでて、ごまあえにしたり、さっといためてつけ合わせにしたりと、使いがってのよい野菜。

💧 解凍方法

冷凍のままへたを切り落としてすぐにそのまま調理することがおいしさの秘訣。

🍴 レシピ
「いんげんの
のりマヨ」

材料と作り方（作りやすい分量）
❶冷凍さやいんげん100gを塩ゆでして水けをふきとり、半分に切る。❷マヨネーズ小さじ1、のりのつくだ煮小さじ1をまぜ、①をあえる。

蔵　10日間

霧吹きで水をかけ、乾燥を防ぐ

キッチンペーパーで包み、霧吹きなどで軽く湿らせ、冷蔵。乾かないように、ときどき霧吹きで水をかける。塩ゆでして冷蔵の場合は3日間保存可能。

モロッコ
いんげん

可食部
98%
へたのみ
破棄

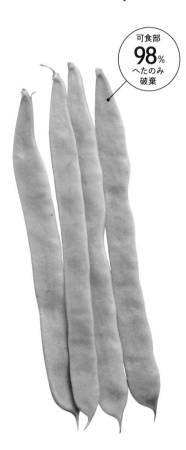

凍	1カ月 (生)／2週間 (塩ゆで)	蔵	10日間 (生)／3日間 (塩ゆで)

適当な長さに切って冷凍・冷蔵

食べやすい長さに切り、保存容器などに入れ、冷蔵・冷凍を。へたつきのまま冷凍するので、劣化もなく、栄養価もキープ。塩ゆでして冷凍の場合は2週間、冷蔵の場合は3日間保存可能。

塩ゆでして水けをふき、食べやすい長さに切り、保存容器に入れ、冷蔵・冷凍保存。

へたつきのまま、まるごと冷凍

まるごとラップで包み、ポリ袋に入れて冷凍を。

● 冷凍を調理したものは、ギシギシした食感がなくなる。
● 短時間で調理できる。

🔥 解凍方法

冷凍のままへたの部分を切り落としてすぐに使用できる。

🍴 レシピ
「豆類の 塩バターいため」

材料と作り方 (作りやすい分量)
❶ フライパンにバター10gを弱火でとかし、**冷凍の豆類200g**(さやいんげん、モロッコいんげん、グリーンピース、スナップえんどうなど)を入れていため、塩・こしょう各少々で調味する。

冷凍することで おいしさアップ

さやいんげんの一種で、長く平べったい形が特徴です。普通のさやいんげんにくらべると甘みが強く、骨の強化を助けるビタミンKを豊富に含みます。

さやえんどう

きぬさや

可食部
90%
へたとすじを
破棄

スナップえんどう

彩りのわき役、救世主！

ハウス栽培で通年出回りますが、旬は春です。抗酸化作用を持ち、免疫力を向上させるビタミンCを豊富に含むほか、豆の部分にたんぱく質や必須アミノ酸も含む栄養バランスにすぐれた野菜です。「きぬさや」と呼ばれるのは、さやえんどうの中でも特にさやが薄い品種。さやが肉厚の「スナップえんどう」も、さやえんどうの仲間のアメリカ品種です。

栄養素（可食部100g あたり）
さやえんどう

エネルギー		38kcal
たんぱく質		1.8g
脂質		0.2g
炭水化物		7.2g
無機質	カルシウム	35mg
	鉄	0.9mg
ビタミンA	β-カロテン当量	560µg
	B$_1$	0.15mg
	B$_2$	0.11mg
	C	60mg

蔵 10日間

湿らせて冷蔵保存

軽く湿らせたキッチンペーパーに包み、冷蔵。ペーパーが乾かないように、ときどき霧吹きで水をかける。塩ゆでして冷蔵の場合は3日間保存可能。

凍 1カ月

そのまままるごと冷凍保存

まるごとポリ袋に入れ、冷凍。へたつきのまま冷凍するので、劣化もなく、栄養価もキープ。塩ゆでして冷凍の場合は2週間保存可能。

● 冷凍してもシャキシャキとした味わいは変わらない。

🍴 レシピ
「ペッパー塩漬け」

材料と作り方（作りやすい分量）

❶冷凍スナップえんどう1パック分は熱湯で1分ほどゆで、ざるに上げて冷まし、筋をとる。❷ポリ袋に①を入れ、塩小さじ1/2を振り、もんで全体をなじませる。❸水分が出てきたらカラフルペッパー適量を入れ、軽くもみ、全体になじませる。❹冷蔵室で30分以上おく。

グリーンピース

可食部
60%
さやとすじを
破棄

凍	1カ月 (生)／2週間 (塩ゆで)	蔵	10日間 (生)／3日間 (塩ゆで)

ゆでても
生のままでも
冷蔵・冷凍可能

さやから出して中の豆だけを冷凍。塩ゆでして冷凍の場合は2週間、冷蔵の場合は3日間保存可能。

● 冷凍のまま炊き込みごはんに。ホクホクとした食感が残る。

さやも捨てずに
冷凍保存

さやにはうまみ成分のグルタミン酸が豊富。野菜スープのだしがとれる。

冷凍することで
青くささが消える！

えんどうの未熟な豆をグリーンピースといいます。年間を通して出回りますが、旬は4月〜6月で味も香りも格別です。豆特有のたんぱく質や炭水化物のほか、食物繊維を豊富に含むことから、腸内環境の改善に役立つと考えられます。

栄養素 (可食部100g あたり)

エネルギー	―	76kcal
たんぱく質	―	5.0g
脂質	―	0.2g
炭水化物	―	20.5g
無機質 カルシウム	―	23mg
鉄	―	1.7mg
ビタミンA β-カロテン当量	―	410μg
B₁	―	0.39mg
B₂	―	0.16mg
C	―	19mg

🔵 **解凍方法**
冷凍のまますぐ調理に使用することで色も失われず、おいしく食べられる。

🍴 **レシピ**
「グリーンピースマッシュ」

材料と作り方 (2人分)
❶なべに**冷凍グリーンピース**100gと水1/3カップを入れ、やわらかくなるまで煮て、お玉の背などでつぶす。❷牛乳大さじ2を加えて弱火にかけ、塩ふたつまみ、こしょう少々で味をととのえる。※水分がとびすぎるようであれば、水や牛乳を少量加え、調整する。

オクラ

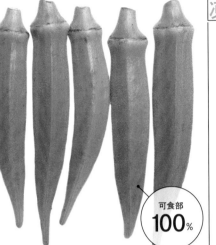

可食部
100%

凍	1カ月	蔵	4日間

塩を振って冷凍保存を

塩を振り、ポリ袋に入れ、冷凍。解凍せずに、そのまま小口切りにして使える。もちろん、小口切りだけでなく、レシピに合う形に切ってもよい。色も失われず、おいしく食べられる。

● 包丁で切るときにべたつかずに切ることができて手軽に調理できる。

● 食感も味も生と変わらない。

冷凍して切れば
ネバネバ知らず!

九州や四国で通年栽培されていますが、旬は夏です。オクラのネバネバには、腸内をきれいにしてくれる食物繊維が含まれます。抗酸化作用のあるβ-カロテン、エネルギー代謝をよくするビタミンB群なども豊富に含みます。

へたは切らずに
そのまま保存を

へたが切ってあるとそこから水が入り、水溶性の栄養成分が流れ出て、水っぽくなってしまう。

栄養素 (可食部100g あたり)

エネルギー	26kcal	
たんぱく質	1.5g	
脂質	0.1g	
炭水化物	6.9g	
無機質 カルシウム	92mg	
鉄	0.5mg	
ビタミンA β-カロテン当量	520µg	
B_1	0.09mg	
B_2	0.09mg	
C	11mg	

🧑‍🍳 レシピ
「干しオクラと
じゃこのふりかけ」

材料と作り方 (作りやすい分量)

❶フライパンにちりめんじゃこ大さじ1を入れていり、少し水分がとんだら、干したオクラ4～5本、ごま小さじ1を加え、しょうゆ大さじ1/2、みりん小さじ1で調味する。※オクラは生のまま薄くカットして1日干したものを使用。

市販の冷凍食品の
進化した技術

近ごろ冷凍食品の
おいしさがUP！

　日本で冷凍事業がスタートしたのは、いまから100年前。北海道で水揚げした魚を現地で冷凍保存したことが始まりです。

　戦後になり、学校給食や南極越冬隊の食料、東京オリンピック選手村のレストランでの採用など、冷凍食品の流通はどんどん広がっていきました。

　家庭への電子レンジ普及率が高まるにつれ、冷凍食品はより身近な存在になりましたが、解凍すると水分が出て食感が悪くなったり、満足度は高くありませんでした。

　しかし、ここ数年の商品は、種類も味も驚くほど向上しています。

ホームフリージングとは
どこが違う？

　まず、家庭の冷凍室は、−18度ほどで、すでに凍っているものを保存するのには適していますが、食材を凍結するには時間がかかります。

　市販の冷凍食品は「急速凍結」で、−30〜−40度という低温で一気に凍結する技法です。すばやく凍らせると、凍結の段階で食材中に形成される氷の結晶が小さくなり、食材の構造に与えるダメージが少なくなります。解凍後にも水分やうまみが逃げにくいのです。つまり、おいしさを維持することができるようになったというわけです。

話題の「ブランチング」で野菜もおいしく

　現在の野菜の冷凍食品は、とれたてを急速冷凍しています。えだまめなどは、生で流通するものより冷凍食品のほうが鮮度も味もよいともいわれています。

　それは、急速冷凍前に短時間の加熱処理を行う「ブランチング」という技法が開発されたからです。

　冷凍する前に加熱することで組織が軟化し、生野菜をそのまま冷凍するよりも細胞組織の破壊を最小限に抑えられます。また、酵素の活性化を抑え、変色や食感の大きな変化、傷みを防ぎ、殺菌効果も加わります。

　このブランチングの技法は、家庭でも応用可能です。

　野菜によってやり方はさまざまですが、さっとゆでて一気に冷やし、水気をとって急速冷凍すれば、冷凍野菜のおいしさも必ず向上することでしょう。

なす

可食部
95%
へたのみ
破棄

凍	1カ月	蔵	1週間	常	1～2日間	干	1カ月

まるごと冷凍で
時短調理！

ハウス栽培で通年出回りますが、強い日光を浴びたほうが発色がよく、初夏～秋の露地栽培ものがおいしいとされます。地域によりさまざまな品種がありますが、どれも味にクセがないため、ほかの食材と合わせやすく、味つけもしみ込みやすい特徴があります。水なすは特にアクが少ないので生食も可能です。

栄養素 (可食部100g あたり)

エネルギー		18 kcal
たんぱく質		0.7g
脂質		Tr
炭水化物		4.6g
無機質	カルシウム	18mg
	鉄	0.3mg
ビタミンA	β-カロテン当量	100μg
	B₁	0.05mg
	B₂	0.05mg
	C	4mg

へたも皮もそのままで

へたを切らず、皮もむかず、そのままポリ袋に入れ、冷凍・冷蔵を。へたを落とすとそこから栄養と水分が抜けてしまう。

● 冷凍すると、しっとりとした食感に。浅漬けにすると、味がしっかりなじみやすくなる。

🔵 解凍方法

水に 30 秒～ 1 分つけると、包丁で簡単に切れて、なす特有のみずみずしさや香りもしっかり残る。しっとりとした歯ごたえになり、そのまま浅漬けにしたり、みそ汁に入れるとおいしい。水につけすぎると、栄養が流れ出てしまうので注意。

🍙 レシピ
「ずんだなす」

材料と作り方 (作りやすい分量)

❶冷凍なす 2個は熱湯でやわらかくなるまでゆでる。水けをきり、あら熱をとって手で縦に裂き、しょうゆ・酒各大さじ 1/2 を回しかける。❷えだまめ 1/2 カップは熱湯でやわらかめにゆでて冷まし、さやから出し、薄皮をむいてあらく刻み、すり鉢であらくすり、砂糖大さじ 1/2、塩少々で調味する (かたいようなら水を加え、ペースト状にする)。❸なすを軽くしぼり、②に加えてざっくりあえる。

🍴 レシピ
「レンジ蒸し 香味しょうがだれ」

材料と作り方（2人分）

❶冷凍なす2個は水に30秒〜1分つけ、皮を縞目にむいて塩少々をすり込み、洗って水滴がついたままラップで包む。❷①を電子レンジで3分加熱し、ラップに包んだままあら熱をとる。にんにくのみじん切り・しょうがのみじん切り各小さじ1/2、ねぎのみじん切り1/2本分、しょうゆ小さじ1、酢・ごま油各大さじ1をよくまぜ合わせて香味しょうがだれを作る。❸なすを4つに裂いて器に盛り、香味しょうがだれをかける。

品種

通年流通しているのは「中長なす」と呼ばれるサイズ。
夏から秋には全国で露地ものが出回る。温室栽培よりも、風味や食感がよい。

ゼブラなす

皮にシマウマ（ゼブラ）のような美しい縞模様のあるイタリア品種。果肉がしっかりとし、加熱すると独特の食感に。生食には不向き。

米なす

大型のアメリカ種を日本で改良した品種。へたが緑色なのが特徴。皮、果肉がかたく、煮物など加熱調理向き。

青なす

熟しても黄緑色で、加熱するとやわらかくなる。でんがくやいため物向き。

長なす

西日本で多く食される定番品種で、皮も果肉もやわらかい。九州には40cmを超える品種も。

白なす

紫色素を持たない白いなす。海外ではエッグプラントと呼ばれるのがこれ。果肉はかためで、加熱するとトロトロになる。ソテーに向く。

かぼちゃ

可食部
90%
種もわたも
利用

| 凍 | 1カ月 | 蔵 | 1週間 | 常 | 2カ月（まるごとの場合） |

種とわたをしっかりとって保存

種とわたを残さずにとり、一口大に切ってポリ袋に入れ、冷凍。冷凍後は解凍せず、そのまま調理する。ゆでてつぶしたものをペースト状にして冷凍すれば、そのままスープやコロッケの具として使用できて便利。

- 冷凍したかぼちゃをゆでると甘みが増し、身が詰まって感じる。
- わたも捨てずに冷凍し、カレーの隠し味に。
- 冷凍後そのまま油と合わせると脂肪性ビタミンの吸収率がアップする。皮は果肉の3倍のβ-カロテンを含んでいるので、皮ごと使って。

種もわたも捨てずに利用

輸入ものを含めて通年手に入りやすい野菜です。収穫して追熟させることで甘みが増すため、新鮮なものがおいしいとは限りません。一般的に多く流通するのは甘みの強い西洋かぼちゃですが、水分が多くあっさりした日本かぼちゃや、ズッキーニなどを含むペポかぼちゃなどの品種もあります。

栄養素（可食部100gあたり）
西洋かぼちゃ

エネルギー	78kcal
たんぱく質	1.2g
脂質	0.2g
炭水化物	20.5g
無機質　カルシウム	22mg
鉄	0.4mg
ビタミンA　β-カロテン当量	2500µg
B₁	0.07mg
B₂	0.08mg
C	43mg

🔵 解凍方法
冷凍のまま煮込み料理などに使用可能。

🍴レシピ
「ピリ辛甘酢漬け」

材料と作り方（作りやすい分量）
❶冷凍かぼちゃ200gは耐熱皿に入れ、ラップをかけ、電子レンジで2分加熱する。少しやわらかくなったら、5mm角の棒状に切る。赤とうがらしは種をとり、小口切りにする。❷ボウルに酢大さじ3、砂糖大さじ2、塩小さじ1/4と①を入れ、半日漬ける。

品種

夏に収穫されたものが、数カ月流通することもある。西洋かぼちゃは、海外からの輸入品も多い。輸入ものは、収穫後に使用する農薬のリスクがあるので、皮をよく洗ってから調理したい。

西洋かぼちゃ

白皮栗かぼちゃ

メロンのような薄緑色の皮で、ホクホク系の品種。甘みがあり、加熱するとホクホクした食感が楽しめて、日もちもする。

黒皮栗かぼちゃ

西洋かぼちゃの代表的な品種で、最も多く出回っている。くりのようにホクホクとして甘みがあり、どんな料理にも合う。

坊ちゃん

小型の日本かぼちゃで、カロテン含有量が特に多い。まるごと電子レンジ（500W）で7～8分加熱するだけで、手軽に調理可能。

日本かぼちゃ

黒皮かぼちゃ

日本かぼちゃの代表種。ゴツゴツした濃い緑の皮で、熟すと一部が赤くなってくる。宮崎では、「日向かぼちゃ」とも呼ばれる。

バターナッツ

ユニークなひょうたん形で、表皮はクリーム色。甘みが強く、実はねっとり。スープにしてもよい。近年、人気が高まっている。

ペポかぼちゃ

ペポかぼちゃ

観賞用のかぼちゃで、「おもちゃかぼちゃ」とも呼ばれる。色や形のバリエーションが豊富で、ハロウィンの飾りつけにも活用。

種は焼いて割って中身を利用

種は耐熱容器に広げ、電子レンジで4～5分加熱し、割れたら中身をとり出す。クッキーにまぜ込んで使ったり、スープの浮き身などに。

きゅうり

可食部
100%

生だけじゃない おいしさも味わって

夏を代表する野菜の一つです。ハウス栽培ものが通年出回りますが、初夏から秋にかけては露地栽培ものが流通します。生のままサラダや酢の物に使うほか、いため物などに使ってもおいしく食べられます。

栄養素（可食部100g あたり）

エネルギー	──	13kcal
たんぱく質	──	0.7g
脂質	──	Tr
炭水化物	──	3.1g
無機質　カリウム	──	200mg
カルシウム	──	26mg
鉄	──	0.3mg
ビタミンA　β-カロテン当量	──	330μg
B₁	──	0.03mg
B₂	──	0.03mg
C	──	14mg

干	2週間（冷蔵）	蔵	1週間	常	4日間

切ってそのまま天日干しを

塩を振らず、そのまま1日天日干しにすれば水分がほどよく抜ける。水分が抜けているので塩もみせず、そのまま調理ができて、便利。

● 干したものは、塩いためがよい。ほかにも白あえも。

しなびたきゅうりはどう使う？

しなびたきゅうりは生食ではなく、火を加えることで独特の食感になり、おいしく食べられます。しょうゆ漬けなどの漬け物にも向いています。

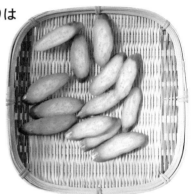

凍	2週間

冷凍は酢の物に

種とわたをとり、食べやすい大きさに切って冷凍。

● 冷凍はシャキシャキ食感はなくなるが青くささは弱まる。

● 冷凍は酢の物に。お酢効果でビタミンCの酸化をストップさせる。

🔵 **解凍方法**

もともと水分の多い野菜なので、冷凍室からとり出したら放置せず、すぐに使用することでおいしく食べられる。冷凍したものをしばらくおいておくとべちゃべちゃになってしまう。

🍳レシピ
「簡単冷や汁」

材料と作り方（1人分）
❶青じそ2枚、みょうが1/2個はせん切りにする。❷ボウルにすり白ごま大さじ1、削り節1.5g、みそ大さじ1/2を入れ、水1カップを少しずつ加えながら、まぜ合わせる。❸薄切りにして**冷凍したきゅうり**1/4本分、①、へたをとったミニトマト2個とともに②に加え、まぜ合わせる。❹冷蔵室でよく冷やす。

品種

通年流通するが、初夏から秋の露地栽培のものは風味がよい。

馬込半白きゅうり

関東で漬け物用に多く栽培されてきた伝統品種。明治33年ごろに東京都大田区馬込地区で改良された半白きゅうり。果肉が緻密で、やわらかく、ぬか漬けに最適。

白

淡い緑色の白きゅうり。きゅうり本来の苦み、青くささがなく食べやすい。サラダや漬け物に。

ミニQ

長さ9〜10cmのイボなしミニきゅうり。ピクルス用に作られ、味はマイルド。生食としてもおすすめ。

華北系白イボ種

あざやかな緑色の肌に白いイボがある。皮が薄く、主に生食用。華北系は江戸時代に日本に伝わった品種。

四川

中国系「四葉」の改良種。表面がちりめん状で、香りや味が濃厚、食感もよい。生食以外には、漬け物にもおすすめ。

にがうり

可食部
99%
へたのみ
破棄

わたも種も
おいしく食べよう!

沖縄では通年栽培されますが、夏が旬の野菜です。熱帯アジア原産で、未熟な果実を食用にします。苦み成分は緑色の果皮に含まれ、白いわたの部分に苦みはほとんどありません。わたにはビタミンCが果肉の1.7倍も多く含まれるため、できるだけ残して調理するのがよいでしょう。

栄養素（可食部100gあたり）

エネルギー	15kcal
たんぱく質	0.7g
脂質	0.1g
炭水化物	2.9g
無機質　カルシウム	14mg
鉄	0.4mg
ビタミンA　β-カロテン当量	160μg
B₁	0.05mg
B₂	0.07mg
C	76mg

凍蔵	1カ月（まるごと）／3週間（カット）		
	1週間	**常** 4日間	**干** 1週間（冷蔵）

まるごとそのまま保存

切らずにまるごとポリ袋に入れ、冷蔵・冷凍保存を。または種とわたをとり、食べやすい大きさに切って冷凍。
- 冷凍したにがうりは苦みが減る。
- まるごと冷凍したにがうりを輪切りにし、わたも種もいっしょに天ぷらに。

🔥 解凍方法

流水でさっと洗うと、包丁で無理なく輪切りにできる。さらに半分に切ると、わたと種が簡単にとれて便利。切ってそのまま常温に放置すると、水分が抜けてしなってくるので、塩でもんで浅漬けにすると、すばやく漬かる。わたも捨てずに使って。下ゆですると、ビタミンCがほとんど失われてしまうのでNG。

漬	3～4間（冷蔵）

👤 レシピ
「みそ漬け」

材料と作り方（作りやすい分量）
❶にがうり1本は縦半分に切って種とわたをとり、5mm厚さに切る。❷ポリ袋に①を入れ、みそ大さじ2、はちみつ大さじ1を加え、全体をなじませ、空気を抜き、袋を閉じる。❸冷蔵室で半日以上おく。

レシピ
「お手軽白あえ」

材料と作り方
（作りやすい分量）
❶冷凍にがうり1/2本は常温において薄切りにし、水分をしぼる。❷ボウルに厚揚げ1枚を入れ、手でつぶす。❸みそ大さじ2とはちみつ大さじ1をまぜ合わせ、①と②を加えてあえる。

レシピ
「にがうりの天ぷら」

材料と作り方（2人分）
❶ボウルに小麦粉・水各大さじ2を入れ、衣を作る。❷薄切りにした冷凍にがうり1/2本分に①の衣をまとわせる。❸フライパンにサラダ油適量を熱し、②を入れて揚げる。

品種

沖縄の本土返還後から、沖縄野菜が全国で栽培され始めた。
夏野菜のにがうりも西日本の温室栽培で通年流通するようになった。

へちま

沖縄、奄美では、盛夏の野菜不足のころ、へちまを20cmほどの幼果で収穫して食べる。みそ風味のいため煮「ナーベーラー」が定番。

トカドヘチマ

名前は、角が10本あることに由来。東南アジアでよく食べられているへちまの近縁種。独特な見た目と食感がある。いため物や煮物にすると果肉がねっとりする。

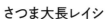

なめらかゴーヤー

果皮のイボがなく、表面がすべすべしたにがうり。果長は約25cmでやや長め。通常のにがうりより苦みが少ないので食べやすい。

さつま大長レイシ

鹿児島県内で、昭和初期から栽培されていた品種。一般的なにがうりより細長く、やや苦みが強い。果肉はかためで、歯ごたえがいい。薄切りにし、湯通ししてから調理する。

白ゴーヤー

イボが丸く、果長は15cmほどの白いにがうり。サラダゴーヤーとも呼ばれ、苦みが少ないので生食に向く。

あばしゴーヤー

沖縄の在来種で、太くてずんぐりとした形が特徴。肉厚で苦みが少ない。ジューシーな味わいで食べやすい。生でも、加熱してもおいしい。

カックロール

にがうりではないが、近縁種。楕円形で、全体がやわらかいトゲにおおわれている。ビタミンCが豊富。苦みはほとんどなく、サラダやいため物に利用。

とうがん

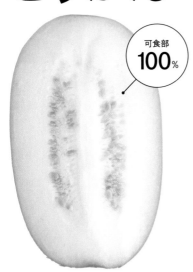

可食部
100%

わたも種も
スープの具に

その名前から冬が旬かと思われがちですが、実は夏の野菜です。冷暗所で保存すれば冬までもつことから、その名がついたといわれています。水分の割合が多く、栄養価はさほど高くありませんが、塩分の排出を促し、むくみ防止や高血圧解消に役立つカリウムを比較的多く含みます。

栄養素（可食部100g あたり）

エネルギー		15kcal
たんぱく質		0.3g
脂質		0.1g
炭水化物		1.3g
無機質	カルシウム	19mg
	鉄	0.2mg
ビタミンB$_1$		0.01mg
	B$_2$	0.01mg
	C	39mg

凍 1カ月　**蔵** 1カ月（まるごと）／5日間（カット）

皮と種とわたは分けて冷凍

皮をむき、種とわたをとり、食べやすい大きさに切って冷凍。皮はせん切り、種とわたも分けて冷凍。

● 皮部分はきんぴら、ゆでて酢の物や浅漬けにしたり、かき揚げに。種とわたはみそ汁などの具に。
● 95％が水分なので、冷凍保存すると、食感がやわらかくなる。その性質を利用して、あえ物やスープがおすすめ。

💧 解凍方法

解凍する場合、そのまま常温においておくとべちゃべちゃになってしまうので、すぐに使用することがおいしさの秘訣。

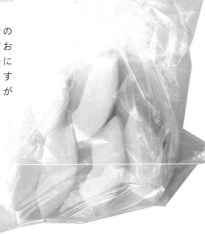

🍴 レシピ
「とうがんと
手羽先のスープ」

材料と作り方（4人分）
❶手羽先8本に塩小さじ1を振り、15分ほどおく。❷なべに水1ℓと①を入れて強火にかけ、沸騰したら弱めの中火で20分煮る。❸②に冷凍とうがん200gを加え、さらに10分煮る。❹器に盛り、あらびき黒こしょう少々を振る。

常 半年（まるごと／冷暗所）

夏野菜なのに冬まで日もちするから「冬瓜」

新聞紙などで包み、風通しのいい冷暗所など部屋の中のいちばん涼しい場所で保存。

ズッキーニ

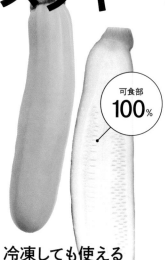

可食部
100%

冷凍しても使える万能選手!

ハウス栽培ものが通年手に入りますが、旬は夏です。形はきゅうりに似ていますが、かぼちゃの仲間。抗酸化力の高いビタミンCやβ-カロテン、疲労回復を助けるビタミンB群を豊富に含みます。油との相性がよく、いため物やサラダに。生食もできます。

栄養素(可食部100g あたり)

エネルギー		16kcal
たんぱく質		0.9g
脂質		0.1g
炭水化物		3.6g
無機質	カリウム	320mg
	カルシウム	24mg
	鉄	0.5mg
ビタミンA	β-カロテン当量	310μg
	B_1	0.05mg
	B_2	0.05mg
	C	20mg

凍 1カ月(まるごと) **蔵** 10日間(まるごと)

湿ったキッチンペーパーで包み、ポリ袋で保存

まるごとの場合は、湿ったキッチンペーパーで包み、ポリ袋で冷蔵。輪切りや半月切りなど、使いたい大きさにカットして冷凍保存する場合は、水分が多くてくっつきやすいので、重ならないように保存する。

● いため物をするとき、冷凍したものを使用すると火の通りが早いので便利。
● 冷凍の食感も生のものと変わらない。
● ズッキーニに含まれるビタミンCは加熱により失われるので生食がいちばん。

🔵 解凍方法

解凍する場合、そのまま常温においておくとべちゃべちゃになってしまうので、すぐに使用することがおいしさの秘訣。1分ほどおいておくと、包丁で切れるようになる。

🔵 レシピ 「塩きんぴら」

材料と作り方(作りやすい分量)
❶冷凍ズッキーニ1本分を薄切りにする。❷熱したフライパンにごま油小さじ2をひき、①を加え、強火でさっといため、塩・こしょう各少々を振る。

漬 3〜4日間(冷蔵)

🔵 レシピ 「塩漬け」

材料と作り方(作りやすい分量)
❶ズッキーニ1本(約200g)とレモン1/2個は2mm厚さの輪切りにする。❷ポリ袋に①を入れて塩小さじ1/2を振り入れ、全体をなじませるようにもむ。❸水分が出てズッキーニがしんなりしてきたら冷蔵室に入れ、30分以上おく。

とうもろこし

可食部
60%
ヒゲも
利用

とうもろこしは鮮度が命。すぐに冷凍を

6月ごろから出回り始め、9月ごろまで楽しめる夏の野菜です。とうもろこしは収穫直後から甘みが落ちていくので、できるだけもぎたてを食べるか、早めに調理するようにしましょう。野菜の中でも特に高エネルギーで、糖質、ビタミン B_1・B_2、カリウムなどを豊富に含みます。

栄養素 (可食部100g あたり)

エネルギー	—	89kcal
たんぱく質	—	2.7g
脂質	—	1.3g
炭水化物	—	15.5g
無機質 カリウム	—	290mg
カルシウム	—	3mg
鉄	—	0.8mg
ビタミンA β-カロテン当量	—	22μg
B_1	—	0.15mg
B_2	—	0.10mg
C	—	8mg

凍 1カ月／2カ月 (皮をむかずにまるごと)　**蔵** 3日間

皮をむかずにそのまま冷凍もOK

粒をゆでて、または生のままポリ袋に入れて冷凍すると1カ月ほど保存できる。収穫後すぐに栄養がどんどん失われていくので、買ってきたらすぐに冷凍。または皮をむかずにまるごとポリ袋に入れて冷凍。

● 粒で冷凍すれば、卵焼きに入れたり、サラダにトッピングしたりなど、必要な分だけ利用できる。

凍 1カ月

ゆでてペースト状にして冷凍を

ゆでたとうもろこしをミキサーなどでかくはんしてペースト状にし、ポリ袋に入れ、冷凍。必要な分だけ手でポキポキと折って使える。あたためた牛乳にとかせばコーンスープのでき上がり。

● コーンペーストを冷凍すると1カ月ほど保存できる。

🔵 解凍方法

皮をむかずに冷凍したものは、解凍時に皮をむいたらすぐに使用しないと味がどんどん落ちてしまう。

👤 レシピ「クイックコーンスープ」

材料と作り方 (4人分)
なべに冷凍したコーンペースト・牛乳各1カップを入れてあたため、塩・こしょう各少々で調味する。器に盛り、パセリ適量をふる。

👨‍🍳レシピ
「フライパンで簡単！ゆで蒸しとうもろこし」

材料と作り方（作りやすい分量）
❶とうもろこし2本は皮をむく。❷フライパンに水1/2カップと塩小さじ1/3を入れて、とうもろこしを入れる。❸火にかけて沸騰したらふたをし、強めの中火で5〜6分加熱する。❹水分が完全になくなったら完成。

品種

夏の収穫期のみ生で流通。その鮮度が落ちると、甘みも減少するので、新鮮なものは早めにゆでてから保存するほうがよい。

ハニーバンタム

甘味種であるスイートコーンの代表品種。ゴールドコーンとも呼ばれる。実は橙黄色で光沢があり、人気が高い。

バイカラーコーン

スイートコーンの種類の一つ。黄色と白の2色が3：1の割合で交ざっている。みずみずしく、甘みが強い。

ベビーコーン

生食用品種の幼い実を収穫したもの。ヤングコーンとも呼ばれる。一年を通して水煮缶があるが、旬の時期には新鮮なものが出回る。

味来

実につやがあり、フルーツのように甘い品種。やわらかくジューシーで、新鮮なものは生食もできるほど。

シルバー系

粒が小ぶりで、つやのよい白粒種。皮がやわらかく、甘みが強いのが特徴。生食もでき、サラダなどにも向いている。

八列とうもろこし

旬/7月下旬〜9月下旬
北海道の伝統品種。芯のまわりに実が8列並んでいるのが特徴。黄色い実で、大きくてかたい。甘みは少なめで、塩ゆでにしたものにしょうゆをつけて香ばしく焼くのがおすすめ。

えだまめ

可食部
50%
さやは
破棄

買ってきたら
すぐに冷凍

7月～10月に出回る夏の野菜です。えだまめにはアルコールの代謝を促す成分や肝臓の働きを高める成分が含まれていることから、お酒のおつまみにはうってつけの食材といえます。大豆の未熟豆を食す習慣は長い間アジア圏特有のものでしたが、近年では欧米でも「EDAMAME」として定着しつつあります。

栄養素（可食部100g あたり）

エネルギー		125kcal
たんぱく質		10.3g
脂質		5.7g
炭水化物		9.7g
無機質	カルシウム	58mg
	鉄	2.7mg
ビタミンA	β-カロテン当量	240μg
	B₁	0.31mg
	B₂	0.15mg
	C	27mg

栄養素（可食部100g あたり）
エネルギー ── 125kcal
たんぱく質 ── 10.3g
脂質 ── 5.7g
炭水化物 ── 9.7g
無機質 カルシウム ── 58mg
　　　 鉄 ── 2.7mg
ビタミンA β-カロテン当量
　　　　　 ── 240μg
　　　 B₁ ── 0.31mg
　　　 B₂ ── 0.15mg
　　　 C ── 27mg

凍 | 1カ月 | **蔵** | 2～3日間

ゆでて冷ましてから保存

さやつきのままゆでて冷ましたものを冷凍・冷蔵か、生のままポリ袋に入れ、すぐに冷凍保存するのがおすすめ。生のまま冷蔵保存すると、甘みやうまみがすぐに落ちてしまうので不向き。または、熱湯でゆでて冷まし、さやからとり出してポリ袋に入れ、冷凍する。

● ゆでて冷凍したものは、調理や彩り野菜として使える。卵焼きやおにぎり、白あえや酢の物などに活用。

🔥 **解凍方法**
冷凍のまま調理、蒸し焼き可能。

👤 **レシピ**
「えだまめおにぎり」

材料と作り方（1人分）
茶わんに軽く1杯分のあたたかいごはんとゆでてさやから出して冷凍したえだまめ20gをまぜ、塩おにぎりにする。

漬 | 3～4日間（冷蔵）

👤 **レシピ**
「えだまめのうまみ漬け」

材料と作り方（作りやすい分量）
❶さやつきの冷凍えだまめ200gは塩少々（分量外）をすり込んで熱湯で約3分ゆで、ざるに上げて流水で冷やし、水けをしぼる。みょうが1個としょうが5gはせん切りにする。❷ポリ袋に①と種をとった赤とうがらし1本を入れ、塩小さじ1/2を振り入れ、もんで全体をなじませ、空気を抜き、袋を閉じる。❸冷蔵室で30分以上冷やす。

品種

さやを枝からはずしたものが袋詰めされているのが主流。
株の枝ごと束ねたものは、地元の生産者のもので、鮮度があって風味が濃い。

だだちゃ豆

旬/8月中旬〜9月上旬
山形県鶴岡市の地域特産品種。さやに茶色のうぶ毛があり、とうもろこしに似た独特の香りと甘みを持つ茶豆。

肴豆（さかなまめ）

晩生種で秋口に出回る品種。香りが強く味がよい。名前の由来には、ゆでるときの香りがよく、思わず酒が飲みたくなるという説がある。

丹波黒大豆

旬/10月
丹波地方の特産。お正月に煮物で食べる黒豆の未熟果。大粒で、豊かなコクと甘みがあり、人気が高い。出回る時期は遅め。

紫ずきん

旬/9月
濃厚なうまみの丹波黒大豆から生まれた品種。薄皮が薄紫色でずきんをかぶったような形。粒が大きく、むちむちとした食感でコクのある甘み。

白毛枝豆

えだまめは大豆の未熟な実。新鮮なのは、さやの色があざやかな緑で、ふっくらとしたもの。枝つきのほうが鮮度がよい。

湯あがり娘

豆は一般的な緑色だが、茶豆のような芳香を持つ人気品種。甘みもあり、味わいが濃厚。ゆでるとあざやかな緑色に。

三河島枝豆

旬/8月中旬〜9月下旬
かつては全国で作られていたが、現在は江戸東京野菜として復活。粒が大きく、甘みが強い中生種のえだまめ。

そらまめ

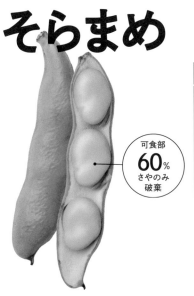

可食部
60%
さやのみ
破棄

買ったらすぐ冷凍で鮮度キープ

3月〜6月に出回る春の野菜です。ほかの豆類と同様、植物性たんぱく質を豊富に含むほか、ビタミン B_1・B_2・C、カリウムなども豊富に含みます。4月の走りの時期はみずみずしいので塩ゆでなどのシンプルな調理法が、6月の名残の時期は水分が減るためポタージュなどが向きます。

栄養素（可食部100g あたり）
エネルギー	102kcal
たんぱく質	8.3g
脂質	0.1g
炭水化物	15.8g
無機質　カルシウム	22mg
鉄	2.3mg
ビタミンA β-カロテン当量	240µg
B_1	0.30mg
B_2	0.20mg
C	23mg

凍 1カ月（生）／2週間（ゆで）　**蔵** 2〜3日間

塩ゆでしてから冷蔵・冷凍保存

塩ゆでし、水けをふいてポリ袋に入れ、冷凍・冷蔵を。収穫してすぐに鮮度が落ち始めるので、買ってきたらすぐに調理するか、さやごと生で冷凍するのがおすすめ。

生のままさやごとポリ袋に入れて冷凍

さやもとらず、そのまま冷凍する。
● 冷凍したものをそのままさやごとグリルで焼くとおいしい。

🔵 解凍方法

冷凍のまま塩ゆで可能。電子レンジで解凍すると水っぽくなるので不向き。さっと水にくぐらせると、すぐにさやから中身を出せるようになる。

👤 レシピ
「そらまめとトマトの塩いため」

材料と作り方（2 人分）
❶さやごと冷凍したそらまめはそのまま塩ゆでし、薄皮をむく（正味 200g）。トマト1個はざく切りにし、薄切りロースハムは食べやすい大きさに切る。しょうが1かけはみじん切りにする。❷フライパンを熱し、オリーブ油小さじ2を引き、しょうがを約30秒いため、トマト、ハム、そらまめを加えていため、塩少々、あらびき黒こしょう適量で調味する。

くるみ

可食部 **100**%
殻は含まない

常	半年（冷暗所）	凍	1年	蔵	半年

乾燥剤といっしょに保存

商品の袋に入っていた乾燥材といっしょに保存びんに入れ、常温で保存を。くるみに含まれる脂質を酸化させないことが重要。そのために、できる限り密閉状態にして保存する。気温の変化に弱いので、直射日光を避け、一定の場所に保存することが望ましい。

● からいりすると香ばしさが増し、歯ごたえもよい。

🖐 解凍方法

焼き菓子の材料として使用する場合、冷凍したものをそのままでも使える。香ばしさは変わらない。そのまま食べる場合は、フライパンなどで軽くいると香ばしさが戻る。

🍴 レシピ 「くるみディップ」

材料と作り方（作りやすい分量）
くるみ 50 g はすり鉢ですりつぶし、クリームチーズ 50 g、塩少々、こしょう適量で調味し、水適量を少しずつ加えながら、濃度を調整する。

脂質を酸化させないために密閉保存

リノール酸やα-リノレン酸などの不飽和脂肪酸を豊富に含み、コレステロールや中性脂肪を正常に保つ働きが期待できますが、エネルギー量が高いためとりすぎには注意が必要です。適量は1日にひとつかみ（28g）程度といわれています。

栄養素（可食部100g あたり）

エネルギー	——	713kcal
たんぱく質	——	13.4g
脂質	——	70.5g
炭水化物	——	10.3g
無機質 カルシウム	—	85mg
鉄	——	2.6mg
ビタミンA β-カロテン当量		
		—μg
B₁	——	0.26mg
B₂	——	0.15mg

だいこん

可食部
100%

だいこんは保存食のエース。皮も葉も美味

年間を通して出回りますが、秋～冬が旬で、この時期のだいこんは甘みが増しておいしくなります。根には数種類の酵素が含まれ、炭水化物やたんぱく質、脂質の消化を助けることから、胃腸が弱っているときや、胸やけのあるときには生のだいこんおろしがおすすめ。葉にもβ‐カロテンやビタミンCなどの栄養素が含まれます。

栄養素（可食部100g あたり）

エネルギー	15kcal
たんぱく質	0.4g
脂質	Tr
炭水化物	4.1g
無機質 カルシウム	24mg
鉄	0.2mg
ビタミンB$_1$	0.02mg
B$_2$	0.01mg
C	12mg

凍	1カ月	蔵	10日間	常	1〜2週間（冷暗所）

切ってから冷凍保存

調理しやすい大きさに切り、ポリ袋に入れて冷凍。解凍せず、そのまま調理する。だいこんの葉は、ぬらしたキッチンペーパーに包んでポリ袋に入れて冷蔵保存。だいこんの葉を冷凍するときには、そのままポリ袋に入れて冷凍。

● 冷凍した大根は煮くずれせず、短時間で味が中までしみ込む。

◖ **解凍方法**

冷凍のまま使用可能。冷凍室から出したらできるだけ早く使用する。

葉は切り落として冷蔵・冷凍

葉つきだいこんを保存するときは、葉の部分を切り落としてから保存する。そうしないと葉が栄養を吸いとって、だいこんの味が落ちる。

干	6カ月

2通りの形に切って天日干し

半月切りとピーラーで薄切りにした2通りを天日干し。長期保存する場合、カラカラになるまで乾燥させる。薄切りしただいこんは重ならないように広げて干すと、乾燥も早い。

通年流通しているのは「青首大根」で、夏に収穫ができる品種もある。もともとは冬野菜なので、寒くなると味が締まっておいしくなる。

青首大根

最も多く出回っている品種。愛知県で生まれた「宮重大根」から改良された万能型。肉質は緻密で甘みがあり、水分が多いのが特徴。葉の部分はβ-カロテンやビタミンＣが豊富。

桜島大根

旬/11月下旬〜翌2月
鹿児島の伝統野菜。世界最大のだいこんで、重さは6kg以上。大きいものでは20〜30kgにもなる。肉質はきめこまかくてやわらかく、辛みが少ない。生でも、加熱してもどんな料理にも合う。

ラディッシュ

明治以降ヨーロッパから導入されたミニだいこんの一種。別名「二十日大根」。赤く丸いものや細長いもの、白いミニだいこんのような種類もある。根の部分だけでなく、やわらかい葉も生でおいしく食べることができる。

レディサラダ

神奈川県三浦市で多く栽培されている。皮が紅色で、中身は白い小型だいこん。皮の赤さを生かして、薄くスライスしてサラダなど生食がメイン。

🍳 レシピ
「だいこんの葉のベーコンいため」

材料と作り方（作りやすい分量）
❶だいこんの葉1本分は刻み、ベーコン2枚は1cm幅に切る。❷フライパンにサラダ油適量を熱し、ベーコンをいためる。❸ベーコンの脂が出てきたら、だいこんの葉を入れていためる。❹だいこんの葉がしんなりしたら、みそ・みりん各大さじ1、塩・こしょう各少々を加えていため、仕上げに白ごま適量を振る。

🍳 レシピ
「だいこんの皮と葉のきんぴら」

材料と作り方（作りやすい分量）
❶だいこんの皮100gは5cm長さの細切りに、だいこんの葉適量は小口切りにする。❷フライパンにバター大さじ1/2を熱し、だいこんの皮と葉を入れていため、バターがなじんだら、塩・しょうゆ各少々で調味する。

かぶ

可食部 **100**%

葉も皮も まるごと食べよう

通年出回りますが、ピークは10月〜4月。一般的に、東日本で育てられる耐寒性のある小型品種と、西日本で育てられている中型〜大型品種の大きく2つに分けられます。根にはビタミンCやカリウムが、葉の部分にはβ-カロテンやビタミンB_1・B_2・C、鉄、カルシウムなどが含まれます。

栄養素（可食部100g あたり）

エネルギー	18kcal
たんぱく質	0.6g
脂質	0.1g
炭水化物	4.5g
無機質 カルシウム	24mg
鉄	0.3mg
ビタミンB_1	0.03mg
B_2	0.03mg
C	19mg

干 1週間（冷蔵）

手軽にできる1日干しがおすすめ

皮ごとくし形切りにして天日干し。1日干しでほどよく水分が抜ける。そのまま生で食べたり、煮物にしたりとさまざまな料理に使用可能。

凍 1カ月 **蔵** 10日間 **常** 2日間（冷暗所）

まるごとでも切っても冷凍可

葉を切り落としてまるごとか、調理しやすい大きさに切ったものを、ポリ袋に入れて冷凍。
- 冷凍したものは、生よりもやわらかな食感。
- シャキシャキ感はないが、味はしみ込みやすいので、浅漬けやみそ汁などに。

葉のおいしい食べ方

葉つきかぶを保存するときは、葉の部分を切り落としてから保存する。そうしないと葉が栄養を吸いとって、かぶの味が落ちる。ハンバーグやナゲットのタネとしてひき肉とまぜ合わせるとおいしい。葉をこまかく刻んで削り節やじゃこと合わせてふりかけにすると美味。

皮のおいしい食べ方

皮は厚めにむいて、ベーコンといっしょにいためて食べるのがおすすめ。

品種

冬の露地野菜なので、春先から秋までは流通量が減る。暖かい時期のものは、薬剤の使用があるので、葉はしっかり洗浄してからの調理が望ましい。

金町こかぶ

旬／10月中旬〜
　　3月中旬

江戸東京野菜の一つ。東京都葛飾区金町の発祥。皮が薄く、きめこまかい肉質は水分が多く、甘みがある。葉もクセがなく食べやすい。

サラダかぶ

甘みがあり、やわらかい。生で食べやすい品種で、サラダ向き。

万木かぶ
（ゆるぎ）

旬／11月〜12月

滋賀県高島市万木地域の在来種。赤かぶと白かぶの交雑からできたとされ、両方の特徴を持つ。皮はつやのある赤で、中身は純白。肉質は適度な歯ごたえがある。

黄かぶ

ヨーロッパに多い品種。中まで黄色いものと、中は白いものがある。肉質は緻密で少しかため。ホクホクとした食感で、特有の香りがある。煮くずれしないので、煮込み料理に適している。

ルタバガ

別名「スウェーデンかぶ」。皮と中心部がオレンジ色のあざやかなかぶ。輪切りにして甘酢漬けなどにすると美しい。

🍳 レシピ「かぶのみそそぼろ煮」

材料と作り方（2人分）

❶冷凍かぶ2個は6等分のくし形に切り、万能ねぎ適量は小口切りにする。❷なべに冷凍しておいた鶏そぼろ（p.201参照）200gと水1カップ、①を入れ、やわらかくなるまで煮て、みそ・みりん各大さじ1で調味する。かたくり粉大さじ2（倍の水でといたもの）を回し入れる。❸器に盛り、万能ねぎと白ごま少々を散らす。

にんじん

可食部
100%

栄養豊富で
彩りもきれい

通年手に入ります。西洋種と東洋種の2種類に大別でき、一般的に出回るのはオレンジ色の西洋種。これにくらべて赤みが強く、細長い形の東洋種は、お正月前に出回ります。市販されているものの大半は専用の機械で薄皮がむかれているので、家庭では皮をむく必要はありません。

栄養素（可食部100g あたり）

エネルギー	35kcal
たんぱく質	0.5g
脂質	0.1g
炭水化物	8.7g
無機質 カルシウム	28mg
鉄	0.2mg
ビタミンA β-カロテン当量	6900μg
B₁	0.07mg
B₂	0.06mg
C	6mg

干 **1カ月（冷蔵）**

カラカラになるまで
天日干しして冷蔵庫へ

ピーラーで皮ごと薄切りに、または皮ごと薄い輪切りにして天日干しにする。長期保存する場合は、カラカラになるまでしっかりと干して冷蔵庫で保存を。干したにんじんは歯ごたえ、うまみ、栄養が凝縮される。

- 干したにんじんは、煮物やスープ、いため物などにさっと使えて便利。
- 干したにんじんをごはんといっしょに炊くと、にんじんくささがなくなる。

蔵 **2週間** 常 **4日間（冷暗所）**

葉は切り落として冷蔵・冷凍

葉つきにんじんを保存するときは、葉の部分を切り落としてから保存する。そうしないと葉が栄養を吸いとって、にんじんの味が落ちる。

乾燥を防いでおいしく保存

乾燥しないようにキッチンペーパーなどにくるみ袋に入れて冷蔵。切り落とした葉は、ぬらしたキッチンペーパーに包んでポリ袋に入れて冷蔵保存。

凍 **1カ月**

輪切りにして冷凍

皮つきでまるごと冷凍。または使いがってのいい輪切りにし、ポリ袋に入れ、冷凍を。縦に半分に切って冷凍すると、解凍せずにそのまま包丁で切ってもにんじんがすべらないので、安心。葉は、そのままポリ袋に入れて冷凍するか、またはさっとかためにゆでて水けをきって、冷凍。

- すぐに冷凍すると色があざやかに出て、火の通りも早くなる。

品種

通年流通のため、季節によって全国で栽培されている。西洋にんじんがほとんどで、品種改良されたものは、にんじん特有のくさみが薄く、食べやすいものが多い。

金時にんじん

正月料理用として多く出回る東洋種のにんじん。根の長さは約30㎝。深紅色で、芯まであざやかな赤色をしている。肉質はやわらかく、甘みと香りが強い。香川県で多く作られているが、大阪の伝統野菜。

島にんじん

旬/11月〜3月

沖縄の古くからの在来種。ごぼうのように細長い黄色いにんじん。肉質はやわらかく、にんじんらしい香りが特徴。冬のみ出回る。早どりして4〜5㎝で浅漬けにする。

紫にんじん

表皮は紫だが、芯はオレンジ色。β-カロテンのほか、アントシアニンも含む。ゆでると色素が流出し、にんじんそのものの色も薄くなる。生のままサラダなどが適している。ほんのりとした甘みがある。

🍴レシピ「にんじんドレッシング」

材料と作り方 (作りやすい分量)

❶皮ごと冷凍したにんじん1本をそのまますりおろす。❷サラダ油・酢各大さじ1と塩・こしょう少々をまぜ合わせる。

🍴レシピ「にんじんともやしのカレーいため」

材料と作り方 (2人分)

❶冷凍にんじん小1本は4㎝長さのせん切りにする。❷熱湯に①を入れて2分ほどゆで、もやし1袋を加えてさっとゆで、ざるに上げてよく水けをきる。❸フライパンにオリーブ油大さじ1を熱し、②を入れて手早くいため、カレー粉小さじ1、ウスターソース大さじ3、塩適量で調味する。

葉のおいしい食べ方

葉は電子レンジで加熱してカラカラにし、ドライパセリのようにスープに浮かべたりして食べるとよい。密閉容器に入れておけば日もちする。

たまねぎ

可食部
99%
根のみ破棄
皮は利用

冷凍で
すばやくあめ色に

通年出回りますが、辛みが少なく水分の多い新たまねぎは春が旬です。主な栄養素は糖類で、じっくり加熱すると辛みがとんで甘みが引き立ちます。うまみ成分のアミノ酸も多く含み、料理のだしのような役割もします。

栄養素（可食部100g あたり）

エネルギー ——— 33kcal
たんぱく質 ——— 0.7g
脂質 ——————— Tr
炭水化物 ————— 8.5g
無機質 カルシウム —— 17mg
　　　 鉄 ———— 0.3mg
ビタミンA β-カロテン当量
　　　　　——————— 1µg
　　　 B₁ ——— 0.04mg
　　　 B₂ ——— 0.01mg
　　　 C ———— 7mg

| 凍 | 1カ月（皮つきまるごと） | 蔵 | 10日間（皮つきまるごと） |

皮つきのまま冷凍

皮つきのままポリ袋に入れ、冷凍。皮ごと冷凍・冷蔵することで栄養価をキープ。いため物に使用すると、すぐにあめ色に変化して甘みが増すので、カレーなどに使うとよい。くし形切り、薄切り、みじん切りなど用途に合わせてカットし冷凍も可。

● 繊維を断ち切るように薄切りにして冷凍。いためたとき早くあめ色になるので冷凍保存しておくと、スープやハンバーグのタネ、ハヤシライス、シチューなどのコク出しに大活躍。

🌀 解凍方法

冷凍のたまねぎは、切りやすく涙も出ずに扱いやすい。水に30秒～1分つける。半解凍なら、せん切りもしやすく、目にしみないので扱いやすい。皮をむかずに水につけると、皮がべちゃべちゃになり、むきにくくなるので注意。

| 常 | 1カ月（冷暗所） | 干 | 1カ月（冷蔵） |

繊維を断つように
切っていためて

繊維を断つように切ると甘みが増す。せん切りにしてフライパンで油を引かずにいためると、すぐにあめ色になり、トロトロに。甘みも強くなり、おいしさもアップ。油でいためないぶん、カロリーもダウン。

皮のおいしい食べ方

たまねぎのスープを作るときなど、皮でだしをとるとおいしくなる。皮でだしをとったスープは離乳食スタート時にもおすすめ。

品種

保存性が高いので通年流通。春の新たまねぎは、若どりのため辛みは少なく生でも食べられるが、しっかり熟したものは、辛みも甘みも強くなる。

黄たまねぎ

料理法で辛みと甘みが楽しめる。収穫後、乾燥させたものが1年を通して流通している。保存性が高い。

真白（ましろ）

旬/8月～10月

北海道北見地方で作られている。外側も内側も純白の美しいたまねぎ。水分が多く、辛みが少ないのが特徴。生のままでおいしく食べることができる。

サラダたまねぎ

旬/3月～4月

生食向きのたまねぎ。辛みが少なく、水分が多い。熊本県産は「サラたまちゃん」の名前で親しまれている。

小たまねぎ

旬/4月～7月

たまねぎを密植させ小型化したもの。直径3～4cmサイズ。普通のたまねぎよりも甘みが強い。まるごと煮込み料理などに使う。

新たまねぎ

春先に出回る早生種。収穫後すぐに出荷される。水分が多く、扁平でやわらか。辛みが弱く、生食に向いている。火の通りが早いので、加熱するときは短時間で。

アーリーレッド

生食用の赤たまねぎ。アントシアニンが多く含まれ、抗酸化作用が期待される品種。辛みが少なく、甘みと水分が多い。

湘南レッド

生食用の小ぶりな赤たまねぎ。1961年に神奈川県の園芸試験場が育成した。辛みが少なく、シャキシャキとした歯ごたえが特徴。「かながわブランド品」に登録されている。

葉たまねぎ

旬/2月～3月

生育の途中、やわらかい葉が出た状態で早どりしたもの。たまねぎの部分はやわらかい食感で、緑色の葉の部分は根深ねぎと同様に使える。

🧅 レシピ「まるごとサラダ」

材料と作り方（2人分）

❶冷凍たまねぎ1個の皮をむいて、ラップで包み、電子レンジで6～7分加熱する。少しやわらかくなったら、6等分に切り込みを入れる。❷器にたまねぎを盛り、缶汁をきったツナ缶1/2缶、マヨネーズ大さじ1と1/2、みじん切りのピクルス適量、塩・こしょう各少々をまぜ合わせたソースを中心にのせ、ドライパセリ適量を散らす。

ごぼう

可食部
98%
皮は削ぎ落とす

冷凍・冷蔵・干し、食感が異なる

通年出回りますが、若どりされる新ごぼうは初夏が旬です。食物繊維が豊富で、腸内環境をととのえたり、コレステロール値を下げる効果が期待できます。食用にするのは日本を含むアジアの一部地域のみですが、欧米では「バードック」と呼んで利尿や発汗作用を持つ薬用植物として利用します。

栄養素 (可食部100g あたり)

エネルギー	58kcal
たんぱく質	1.1g
脂質	0.1g
炭水化物	6.8g
無機質 カルシウム	46mg
鉄	0.7mg
ビタミンB$_1$	0.05mg
B$_2$	0.04mg
C	3mg

凍 1カ月

冷凍して変色を予防

泥つきは洗って、皮ごと切って冷凍。斜め切り、小口切りなど用途に合わせてカットし冷凍。冷凍すると、変色が予防でき、水に約1分つけると、切りやすくなる。
● 冷凍ごぼうは、泥くささが消えて、やわらかくなる。

💧 解凍方法

水に1分ほどつけると、すぐに包丁で切れるようになる。その際、長く水につけすぎると栄養が逃げていくので注意。

🍳 レシピ
「ごぼうとベーコンのキムチいため」

材料と作り方 (2人分)
❶冷凍ごぼう100gをさっと洗い、斜め薄切りにする。❷熱したフライパンにごま油小さじ1を入れ、①と食べやすく切ったベーコン30gを加え、いためる。❸ごぼうがしんなりしたら、白菜キムチ100gを加え、1分程度いためたら、しょうゆ少々を回しかける。

蔵 2週間

2日に1回は水をとりかえる

水を張った保存容器にごぼうを入れて保存。水は2日に1回かえる。
● 2週間ほどでも変色はない。

皮にも栄養がたっぷり

皮をむきすぎると、栄養価が減ってしまう。

干 1カ月 (冷蔵)

天日で1日干して

ピーラーと包丁で薄切りにし、1日天日干し。ほどよく水分が抜け、香りも◎。

れんこん

流通時期

1	2	3	4	5	6	7	8	9	10	11	12

常温	冷蔵	乾燥	冷凍
○	○	◎	◎

可食部
100%

冷凍れんこんを使えば時短に

新れんこんは8月ごろから出回りますが、旬は冬で、甘みや粘りが増します。主な成分はでんぷんで、腸内環境をととのえる食物繊維や、かぜ予防に役立つビタミンCも豊富に含みます。切り口が黒くなるのはポリフェノールのタンニンによるもので、食べても問題はありません。

栄養素（可食部100g あたり）

エネルギー	66kcal
たんぱく質	1.3g
脂質	Tr
炭水化物	16.2g
無機質 カルシウム	20mg
鉄	0.5mg
ビタミンA β-カロテン当量	3μg
B₁	0.10mg
B₂	0.01mg
C	48mg

干 2週間（冷蔵）

切ってそのまま天日干し

酢水につけず、輪切りにし、そのまま1日天日干し。水分が抜け、濃厚な香りになり、いため物や煮物もおいしくできる。

● 皮にはポリフェノールがたっぷり含まれているのでむかずに使用。

凍 1カ月（皮つきまるごと）

まるごとか輪切りにし、冷凍

まるごと、輪切りの2パターンで冷凍OK。どちらも色が変わらずきれいな状態のまま。輪切りにしたほうは解凍せず、そのまま料理に使う。

● 冷凍すると短時間で味がよくしみ込む。
● れんこんのきんぴらなどは分厚く切っても味がよくしみ込む。

🔵 解凍方法

まるごと冷凍したものは水に1分ほどつけると、包丁でサクッと切れる。レシピに合わせた形に切って。長く水につけすぎると栄養が逃げていくので注意。

🍴 レシピ
「ポン酢きんぴら」

材料と作り方（作りやすい分量）
❶まるごと冷凍したれんこん100gを5mm厚さに切り、熱したフライパンにサラダ油小さじ1/2をひき、中火で両面をこんがりといためる。❷食べやすく切ったベーコン20gを加えていため、ポン酢しょうゆ小さじ1、塩・こしょう各少々で味をととのえる。

蔵 10日間（皮つきまるごと）　**常** 10日間（冷暗所）

やまいも

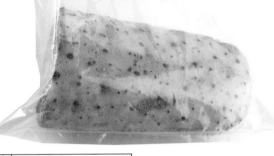

可食部
92%
皮は破棄

長いもは皮ごと食べて、栄養価アップ

通年出回りますが、収穫は秋と春の2回。疲労回復作用のあるアルギニンや、消化酵素のアミラーゼを豊富に含み、古くから滋養強壮に効く食材として扱われてきました。繊維に沿って縦切りにするとシャキシャキとした食感に、繊維を断つように輪切りにすると、加熱したときにホクホクとした食感になります。

栄養素（可食部100g あたり）

エネルギー		64kcal
たんぱく質		1.5g
脂質		0.1g
炭水化物		15.1g
無機質	カリウム	430mg
	カルシウム	17mg
	鉄	0.4mg
ビタミン	B$_1$	0.10mg
	B$_2$	0.02mg
	C	6mg

蔵 1カ月（皮つきまるごと）

ペーパーにくるんでポリ袋に入れて冷蔵

皮をむかずに、キッチンペーパーで包み、切り口は乾燥しないようにラップでおおい、ポリ袋に入れて冷蔵保存。

生食すればさらに栄養価アップ

ビタミン、カリウム、ミネラルをバランスよく含んでおり、加熱しても変化はないが、消化酵素のジアスターゼは熱に弱いため、すぐれた消化作用を期待するなら、生食がおすすめ。

凍 1カ月（皮つきまるごと）

皮つきのまま冷凍で栄養を逃さない

皮をむかずに、切らずに、そのまままるごと冷凍可能。ラップに包んで、ポリ袋に入れて冷凍。
● 冷凍したものは、扱いやすく、味も生のものと変わらない。

💧 調理方法

切り口に付着したおがくずも包丁で簡単にそぎ落とせて、また、皮もピーラーで簡単にむける。すり器でも無理なくおろせて、手もぬるぬるにならないので便利。おろしたものをしばらく室温におくと、とろろ状に。

品種

やまいもは栽培品種が通年流通。
保存性も高く、使いやすい手ごろな食材になっている。

長いも

やまいもとしていちばん多く流通している栽培品種。長い棒状のいも。きめはややあらく、水分も多い。皮をむいたときの変色を防ぐには酢水にさらすといい。すりおろしてとろろとして、またサラダや酢の物などに。

自然薯 (じねんじょ)

日本に自生している野生種のやまいも。ごぼうのように細長く、60㎝〜1mにもなる。粘りがとても強く、うまみが濃い。最近は栽培品種もある。

がんくみじか

首が短く肉づきのよい「長いも」。青森県が生産量全国1位で、国内で流通している約4割が青森産。色が白くて粘りが強く、アクが少ないのが特徴。

つくねいも

近畿・中国地方で出回っており、げんこつのような形。粘りけがとても強く、貯蔵性も高い。味にクセがなく、和菓子の原料にもなっている。

いちょういも

扁平でいちょうの葉のような形をしている。粘りがとても強く、すりおろしたものは、箸で全部持ち上げることができるくらい。味にクセがなく食べやすい。

🍳 レシピ
「長いもとえだまめと タコのペペロンチーノ」

材料と作り方（2人分）
❶冷凍長いも200gはヒゲを焼き、皮つきのまま1.5㎝角に切る。タコ100gは乱切り、にんにく1/2かけは薄切りにし、赤とうがらし1本は半分に切り、種をとる。❷フライパンに少し多めのオリーブ油を熱し、長いもを入れ、表面がきつね色になるまで素揚げにし、とり出して油をきる。❸②のフライパンにオリーブ油小さじ1、赤とうがらしとにんにくを入れて熱し、香りが立ったら、タコを加えていため、②とえだまめ25gを加えてさらにいため、あらびき黒こしょう適量を振る。

さといも

可食部
100%

冷凍なら
皮むきから解放！

秋から冬が旬の野菜です。ほかのいも類にくらべるとエネルギーが低いのが特徴で、体内の塩分排出を促すカリウムや、エネルギー代謝を助けるビタミン B_1 を含みます。切ったときに中に赤い斑点がある場合がありますが、これはポリフェノールが酸化したもので、収穫後時間がたったものに現れます。食べても問題ありませんが、なるべく早めに使ったほうがよいでしょう。

栄養素（可食部100g あたり）

エネルギー	53kcal
たんぱく質	1.2g
脂質	0.1g
炭水化物	13.5g
無機質 カルシウム	10mg
鉄	0.5mg
ビタミンA β-カロテン当量	5μg
B_1	0.07mg
B_2	0.02mg
C	6mg

凍 1カ月（皮つきまるごと）

泥を落とし、
皮つきのままで

泥つきのものは泥を洗い、皮はむかずに冷凍保存を。皮ごと冷凍することで、乾燥を防ぐ。
- 皮ごと食べるには、油で素揚げするのがおすすめ。
- 冷凍したら皮ごと切らずにグリルやオーブンでじっくりと焼く。

解凍方法

水に2～3分つけ、皮がやわらかくなったら、ざるに上げる。手で簡単にむけて、しかも薄皮だけがむけるので廃棄率も少ない。

蒸す、焼く、レンジ調理など万能選手

加熱しても栄養価はほとんど変わらないので、さまざまな調理で楽しんで。

レシピ「皮ごとフライ」

材料と作り方（1人分）
❶冷凍さといも3個はラップで包み、電子レンジで2分加熱し、半分に切る。❷フライパンに①を入れ、サラダ油を深さ1cmほど注いで火にかけ、こんがりするまで揚げる。好みで塩・こしょうを振る。

蔵 2週間（皮つきまるごと）

冷やしすぎに注意

低温障害を防ぐために、一つずつ紙に包んで、ポリ袋に入れて冷蔵。

常 1カ月（秋～冬）

湿気がこもらないように紙袋で

常温の場合はポリ袋ではなく紙袋に入れて保存するのがおすすめ。

品種

泥つきのものは、秋に多く流通。
皮を洗浄して加工したものは、加工食品として流通がふえている。

土垂 (どたれ)

子いも用品種で、関東地方で多く栽培されている。粘りが強く、やわらかい。包丁で皮をむくときは、表面の泥を洗い流して乾かしてからむくと、ぬめりが気にならなくなる。

海老いも

200年以上続く特別な栽培方法で、えびのように曲がり、縞模様があるいもができ上がった。独特な粘りとうまみがあり、煮くずれしない。京都の伝統野菜。

田いも

さといもの一種だが、湿地や水田で栽培するためこの名がついた。粘りが強く、アク抜きが必要。小いもがまわりにつくので、子孫繁栄の縁起物でもあり、正月料理にも。沖縄ではターンと呼ばれる伝統野菜。

八つ頭

親いもと子いもが結合している親子兼用品種。ホクホクとした食感があり、煮物などにおすすめ。末広がりの「八」と子孫繁栄や人の「頭」になるようにという縁起物として、おせち料理の食材にもなる。

ずいきいも

さといもの茎で、アクが強い。皮をむいてからゆで、アク抜きして酢の物や汁の実が定番。シャキシャキとした食感を楽しむことができる。乾物のことをさす場合もある。

👤 レシピ
「さといもとひき肉の みそしょうがあえ」

材料と作り方 (2人分)

❶冷凍さといも6〜8個を20分蒸し、皮をむき、一口大に切る。にら1/3束、しょうが10g、にんにく1かけ、ねぎ5cmはみじん切りにする。❷フライパンにごま油大さじ1を熱し、ねぎ、しょうが、にんにくをいため、香りが立ったら、鶏ひき肉100gを加えていためる。肉の色が変わってきたら、にら、みりん大さじ1、コチュジャン大さじ1〜2、オリゴ糖大さじ1で調味し、さといもを加え、さらにいためる。

じゃがいも

冷凍保存は皮ごとが基本

主要な品種は、ホクホク食感の「男爵」とねっとり食感の「メークイン」。煮物には、煮くずれしにくいメークインが向きます。抗酸化作用のあるビタミンCが豊富に含まれ、かつ、加熱しても失われにくいのが特徴です。ストレス解消効果のあるGABAも含まれます。

栄養素 (可食部100g あたり)

エネルギー	51kcal
たんぱく質	1.4g
脂質	Tr
炭水化物	25.3g
無機質 カルシウム	4mg
鉄	1.0mg
ビタミンB₁	0.08mg
B₂	0.03mg
C	28mg

可食部 **100**%

凍 1カ月 (皮つきまるごと)

まるごと冷凍がおすすめ

切らずに皮もむかずにまるごと冷凍。皮つきのほうが、切って冷凍保存するより味を損なわずに保存できる。皮をむいて冷凍すると、中の水分が抜けて、食感が悪くなる。または、ゆでてつぶしマッシュ状にして冷凍。
● 冷凍したじゃがいもは煮物やスープなど、水分をプラスするような料理に。

🔵 解凍方法

水に2分ほどつけておくと、表面が少しやわらかくなり、包丁で切れるようになる。それをお好みの大きさに切って、調理に使用。

蔵 2週間 (皮つきまるごと)

冷やしすぎに注意

低温障害を防ぐために、一つずつキッチンペーパーに包んで、ポリ袋に入れて冷蔵。

常 1カ月 (秋〜冬)

湿けがこもらないように紙袋で

常温の場合はポリ袋ではなく紙袋に入れて保存するのがおすすめ。りんごといっしょに保存することで芽が出にくくなる。

漬 4〜5日間 (冷蔵)

🍴 レシピ 「にんにくしょうゆ漬け」

材料と作り方 (作りやすい分量)
❶じゃがいも2個はせん切りにして水にさらし、歯ごたえが残る程度にさっとゆでる。❷しょうゆ大さじ3、酢・砂糖各大さじ2、にんにくの薄切り1かけ分を合わせ、じゃがいもを1時間ほど漬ける。

品種

通年流通しているが、産地は九州から北海道まで、
時期をずらしながら収穫されている。
そのため、皮の薄い新じゃがの流通期間も長い。

メークイン

長卵形で、淡い黄色
の果肉はきめがこま
かい。表皮はすべす
べとしていて、芽が少
ない。粘質で、煮くず
れしにくいため、スー
プやいため物、煮物
などに向いている。

男爵

球形で果肉は白く、
ホクホクとした粉質。
芽の部分のくぼみが
深い。皮がなめらか
で、重量感のあるも
のが良品。粉ふきい
もやマッシュポテト、
コロッケ向き。

マチルダ

小さな卵形で形がき
れいなため、丸のまま
冷凍で販売されるこ
とが多い。芽が浅く
使いやすい。

🍴レシピ「いももち」

材料と作り方（作りやすい分量）
❶冷凍じゃがいも 2～3 個をそのままゆで、やわ
らかくなったら皮をむいてマッシャーなどでつぶ
す。❷①とかたくり粉大さじ 2、塩少々をまぜ合
わせる（かたいようなら水を少しずつ加えながら
耳たぶくらいのかたさにする）。❸直径 4㎝ほどに
丸め、バター 10g をとかしたフライパンで両面を
こんがりと焼く。

ノーザンルビー

形や大きさは「メークイン」に似ており、表面
はツルッとしている。アントシアニンを含み、
皮が赤、果肉がピンクの品種。加熱しても色
があせないので、色を生かした料理に。

きのこ類

可食部
99%
石づきのみ
破棄

しいたけ

栄養素 (可食部100g あたり)
エネルギー ——————— 25kcal
たんぱく質 ——————— 2.0g
脂質 ——————————— 0.2g
炭水化物 —————————— 6.8g
無機質 カルシウム —— 1mg
　　　　　鉄 ———————— 0.4mg
ビタミンB$_1$ ——————— 0.13mg
　　　　B$_2$ ——————— 0.21mg

まいたけ

栄養素 (可食部100g あたり)
エネルギー ——————— 22kcal
たんぱく質 ——————— 1.2g
脂質 ——————————— 0.3g
炭水化物 —————————— 3.8g
無機質 鉄 ————————— 0.2mg
ビタミンB$_1$ ——————— 0.09mg
　　　　B$_2$ ——————— 0.19mg

エリンギ

栄養素 (可食部100g あたり)
エネルギー ——————— 31kcal
たんぱく質 ——————— 1.7g
脂質 ——————————— 0.2g
炭水化物 —————————— 6.4g
無機質 鉄 ————————— 0.3mg
ビタミンB$_1$ ——————— 0.11mg
　　　　B$_2$ ——————— 0.22mg

凍 1カ月　**蔵** 2週間

キッチンペーパーで包みポリ袋に

適当な大きさに切り、キッチンペーパーに包み、ポリ袋に入れ、冷凍。解凍せず、そのまま調理。香りがしっかりと残っている。冷凍することでうまみ成分が増し、味も凝縮しておいしくなる。

● 冷凍したものは強火で一気にいためて味つけすることでうまみを引き出せる。

ポリ袋に入れて冷凍。

● エリンギやしめじなどの冷凍は、やわらかくなるので、炊き込みごはんやスープなどに。

えのきだけ

栄養素（可食部100g あたり）

エネルギー	——	34kcal
たんぱく質	——	1.6g
脂質	——	0.1g
炭水化物	——	5.0g
無機質 鉄	——	1.1mg
ビタミンB₁	——	0.24mg
B₂	——	0.17mg

適当な長さに切り、キッチンペーパーに包み、ポリ袋に入れ、冷凍。解凍せず、そのまま料理に使用する。

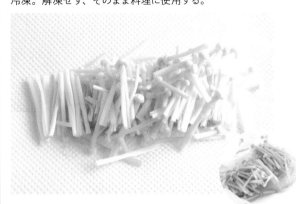

マッシュルーム

栄養素（可食部100g あたり）

エネルギー	——	15kcal
たんぱく質	——	1.7g
脂質	——	0.1g
炭水化物	——	3.4g
無機質 カルシウム	——	3mg
鉄	——	0.3mg
ビタミンB₁	——	0.06mg
B₂	——	0.29mg

しめじ

栄養素（可食部100g あたり）

エネルギー	——	26kcal
たんぱく質	——	1.6g
脂質	——	0.2g
炭水化物	——	4.8g
無機質 カルシウム	——	1mg
鉄	——	0.5mg
ビタミンB₁	——	0.15mg
B₂	——	0.17mg

干 | **1カ月（冷蔵）**

天日干しで うまみもアップ

1日天日干しすると、水分がほどよく抜け、うまみも栄養もアップ。だしのかわりになり、汁物や煮物などをはじめ、さまざまな料理にそのまま使える。干しているので強火で水分をとばす必要もなし！

🍴レシピ「まいたけのリゾット」

材料と作り方（1人分）
❶ごはん茶わん1杯分は洗い、水けをきる。❷フライパンに牛乳1カップ、①、**冷凍まいたけ50g**を入れ、弱火であたためる。❸粉チーズ大さじ2を加え、中火にして1～2分煮、塩・こしょう各少々で味をととのえる。

🍴レシピ「しいたけのグリル」

材料と作り方（2人分）
❶**冷凍したしいたけ4個**はグリルで焼き、少しやわらかくなったら軸の部分を4等分に裂く。❷しいたけがこんがりするまで焼き、しょうゆ少々を振る。

🍴レシピ「まいたけとチキンのチーズ蒸し」

材料と作り方（1人分）
❶小さめのフライパンに**冷凍まいたけ1パック分**、薄切りにしたゆで鶏50gを入れ、ピザ用チーズ20gを散らし、ふたをして弱火でチーズがとけるまで5分ほど加熱する。❷仕上げにドライパセリ適量を散らす。

🍴レシピ「マッシュルームのガーリックバター」

材料と作り方（作りやすい分量）
❶小さめのフライパンにバター10gとにんにくのオイル漬け（p.112参照）小さじ2を入れ、弱火にかける。❷香りが立ったら、等分に切った**冷凍マッシュルーム1パック分**をいためる。❸マッシュルームに火が通ったら、パセリのみじん切り適量を振り、しょうゆ少々をたらす。

品種

まつたけ以外は、
菌床栽培が盛んに行われ、
安定供給の野菜。

まつたけ

秋の味覚を代表す
るきのこ。香りが強
く、歯切れがよい。
焼いたり、土びん蒸
しなどに調理。国産
品は年々減少し、輸
入ものが増加。

生きくらげ

鉄を多く含み、ビタ
ミンDや食物繊維
も豊富。コリコリ、
プリプリとした食感
が、料理のアクセン
トにもなる。

はなびらたけ

抗がん作用
が期待される
β‐グルカン
を多く含む。

ひらたけ

うまみがあり、広く
親しまれる。菌床の
ものは「しめじ」と
呼ばれることも。

なめこ

多くはつぼみで収
穫。最近ではかさが
開いたものも出回っ
ている。ぬめりはム
チンという成分。

くりたけ

柄はかたい繊維質
でシャキシャキと歯
切れがいい。風味が
よく、おいしいだし
が出る。

漬 4〜5日間（冷蔵）

🧑‍🍳レシピ
「きのこのレンジピクルス」

材料と作り方（作りやすい分量）
❶エリンギ、まいたけ、しめじ合わせて200gは
食べやすい大きさに切るかほぐす。❷耐熱皿に並
べ、ラップをかけ、電子レンジで2分加熱し、出
てきた水分は捨てる。❸酢大さじ2、砂糖小さじ1、
塩・こしょう各少々で調味する。❹保存容器に入
れ、冷蔵室で保存する。好みでパセリのみじん
切り適量を加えてもよい。

キャベツ

可食部
100%

春キャベツ
冬キャベツ

切って冷蔵・冷凍が使いやすい

通年出回りますが、季節によって産地や品種は異なります。秋から冬が旬の冬キャベツは葉が厚く、甘みが強いのが特徴。春から初夏が旬の春キャベツは葉がやわらかく、巻きがゆるくふんわりしているのが特徴です。抗酸化作用のあるビタミンCや、胃粘膜を保護するビタミンU などを含みます。これらの栄養素は水溶性のため、生で食べることでより効率的に摂取できます。

栄養素（可食部100g あたり）

エネルギー	23kcal
たんぱく質	0.8g
脂質	Tr
炭水化物	5.7g
無機質 カルシウム	42mg
鉄	0.3mg
ビタミンA β-カロテン当量	24μg
B$_1$	0.04mg
B$_2$	0.03mg
C	38mg

蔵 20日間（カット）

洗わず、そのまま冷蔵

食べやすい大きさに切り、洗わず、そのままポリ袋に入れ、空気を抜いて冷蔵。洗って冷蔵すると、傷みの原因に。まるごと冷蔵保存する場合は芯の部分をくりぬいて保存する。

葉と軸の部分は分けて保存

葉と軸の部分は分けて保存しておくと、料理するときに、さっと使えて便利。やわらかい部分はいため物に、軸の部分は煮物などに向いている。

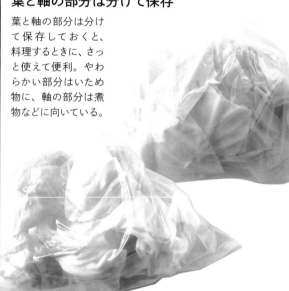

凍 1カ月（カット）

使いたいときにすぐに使える

使いやすい大きさに切って冷凍。冷凍のまま料理に使用可能。

- 冷凍したキャベツは塩もみのように少ししんなりする。浅漬やコールスローサラダに。
- 火を入れれば、食感も味も生と変わらない。
- 軸の部分にうまみ成分と栄養がたっぷり含まれており、冷凍室から出してすぐに使えるので、捨てずに使用。こまかく刻んで、いろいろな料理に。

品種

通年流通するが、本来は冬から春の野菜。
夏は、高地の冷涼な場所で栽培されている。

グリーンボール

一般的なキャベツより、やや小ぶりのボール形。葉質はやわらかくて色が濃く、中心まで緑がかっている。煮くずれしにくく、生食をはじめ、煮物などにも向いている。

高原キャベツ

春に種をまき、夏から秋にかけて収穫する。長野の野辺山や群馬の嬬恋などの冷涼地が主な産地。食べやすく、生食から加熱料理までバリエーションが豊富。

赤キャベツ

丸い形で、密にしっかりと葉を巻いている。色みはアントシアニンによるもので、天然着色料の原料にも使用される。色を生かしてサラダにとり入れたり、酢漬けなどにおすすめ。

ケール

キャベツの原種とされ、葉の形は円形または長円形。ビタミンCとβ-カロテンが豊富。青汁の原料として、また煮込みやチップスにも。

芽キャベツ

葉のつけ根にできるわき芽が結球したもの。一般的なキャベツにくらべてビタミンCが4倍も含まれている。下ゆでしてから調理すると食べやすい。

漬 1週間（冷蔵）

🍳 レシピ「カレーピクルス」

材料と作り方（作りやすい分量）
❶キャベツ 1/4 個はざく切りにする。❷小なべに基本のピクルス液（p.27 参照）とカレー粉小さじ1を入れて火にかけ、沸騰したら火を止め、冷ます。❸保存容器に①、②の順で入れ、冷蔵室で半日以上おく。

レタス

可食部
100%

冷凍レタスは
スープに最適

多くの品種が出回り、一年を通して安定的に手に入れることができます。切り口から白い汁が出てくることがありますが、これはポリフェノールの一種で、酸化するとピンクに変わります。ほかの野菜にくらべてカリウムの含有量が少ないため、腎臓病患者でも安心して食べることができます。

栄養素（可食部100g あたり）

エネルギー		11kcal
たんぱく質		0.5g
脂質		Tr
炭水化物		2.8g
無機質 カルシウム		19mg
鉄		0.3mg
ビタミンA β-カロテン当量		240μg
B₁		0.05mg
B₂		0.03mg
C		5mg

蔵 2週間

根元を少し切り、
水につける

芯をくりぬき、水を張ったボウルにつけ、冷蔵（2〜3日に一度水をかえると、長期保存が可能）

凍 3週間

使いたいときにすぐに使えて便利

ざく切り、せん切りなど使いやすい大きさに切って冷凍。

● いため物やスープに使用するとよい。青くささが抜けて、食べやすい。
● 冷凍したレタスはシャキシャキ感は失われるものの、油でいためることで、栄養の吸収率がアップし、たっぷり食べられるので食物繊維もたくさんとれる。

❄ 解凍方法

冷凍したレタスは、葉が薄いので、劣化が進みやすい。色も悪くなるため、とにかくすぐに調理をスタートさせることがたいせつ。冷凍のまま使える。

🍴 レシピ「塩レモンいため」

材料と作り方（2 人分）

❶熱したフライパンにオリーブ油小さじ 2 を入れ、強火で薄切りにしたマッシュルーム 2 個をいためる。❷冷凍レタス1/2 個分を加え、レモン汁小さじ 1、塩・こしょう各少々でサッといためる。

みずな

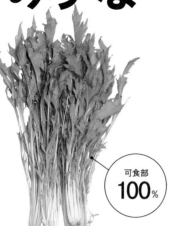

可食部 **100%**

流通時期												常温	冷蔵	乾燥	冷凍
1 2 3 4 5 6 7 8 9 10 11 12												×	○	×	○

冷凍しても扱いやすい。冷蔵は乾燥に注意

ハウスでの水耕栽培が主流で通年手に入りますが、旬の冬には風味のよい露地栽培ものが出回ります。葉の色は淡いものの、抗酸化力を持つβ-カロテン、ビタミンC・Eを多く含む栄養価の高い野菜です。β-カロテンとビタミンEは脂溶性なので、油とともに調理するとより効率的に栄養を摂取できます。

栄養素（可食部100g あたり）

エネルギー	23kcal
たんぱく質	1.9g
脂質	0.1g
炭水化物	3.0g
無機質 カルシウム	210mg
鉄	2.1mg
ビタミンA β-カロテン当量	1300μg
B$_1$	0.08mg
B$_2$	0.15mg
C	55mg

蔵　2週間

ぬらしすぎも乾燥も NG！

ざく切りにして、ぬらしたキッチンペーパーに包んで冷蔵。冷蔵保存中にペーパーが乾いたら、霧吹きなどでペーパーを湿らせておくことで、長期保存が可能。

凍　3週間

スープやなべ料理に大活躍

ざく切りにして冷凍。

- なべ料理に冷凍みずなを入れてもシャキシャキとした食感は残る。
- ビタミン、ミネラル、食物繊維が豊富で、冷凍したみずなはそのまま生食や浅漬けなどに。

💧 解凍方法

冷凍したみずなは、水分が多いので、時間をおかずにすぐに調理。冷凍していても、包丁で簡単に切ることができる。

🍲 レシピ

「みずなと豚肉のひとり鍋」

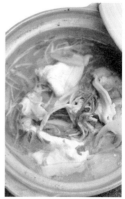

材料と作り方（1人分）

❶ねぎ 1/4 本は斜め薄切り、豚肉 80g は 食べやすい大きさに切る。❷小なべにだし 1 と1/4 カップ と みりん・酒・しょうゆ各小さじ 1、塩少々を入れて火にかけ、沸騰したら豚肉を加える。❸豚肉に火が通ったら、ざく切りにして冷凍したみずな 50g を加えてさっと煮る。

サニーレタス

可食部
100%

乾燥を防いで
冷蔵保存が基本

葉先が赤く、縮れているのが特徴です。質感がやわらかいため、肉などを巻いて食べるのにも向いています。長期保存はできませんが、根元や葉の乾燥を防ぐことで新鮮さを保つことができます。

蔵 1週間

ちぎって保存もOK

よく洗い、ちぎって水けをふいて、ポリ袋や容器などに入れて冷蔵も可能だが、保存期間は短くなる。

蔵 2週間

根元を水につけて立てて保存

芯をくりぬき、水につけて立てて冷蔵。または使いやすい大きさに分けて水を張った容器に立てて冷蔵。軸の部分が変色している場合は、根元を少し切り、水を張ったボウルにつけ、冷蔵。
金属にふれた部分が傷みやすくなるので、包丁を使わず手でちぎる。軸の部分は食べられるが、土などはきれいに洗い落とす。

凍 3週間

まるごとまたは、切って冷凍を

そのまま冷凍。
- 生のようなシャキシャキ感は失われてしまうので、いため物やスープに使用するとよい。
- 油でいためることで、栄養の吸収率もアップし、たっぷり食べられるので食物繊維もたくさんとれる。

💧 解凍方法

解凍せずにそのまま調理に使う。冷凍したものは、葉が薄いので、劣化が進みやすい。色も悪くなるため、とにかくすぐに調理をスタートさせること。

🍚 レシピ
「サニーレタスと
たくあんのナムル」

材料と作り方（作りやすい分量）
たくあん適量はせん切りにする。食べやすい大きさにちぎって**冷凍したサニーレタス**2～3枚はごま油適量と塩を振り、たくあんとざっくりまぜる。

グリーンカール

流通時期

	常温	冷蔵	乾燥	冷凍
	×	○	×	○

1 2 3 4 5 6 7 8 9 10 11 12

可食部
100%

葉野菜は、立てて保存が基本

一年を通して手に入りますが、出荷量がふえるのは夏～秋。レタスの一種ですが、葉先が縮れていて、結球しないのが特徴です。あざやかな緑色でクセのない味わいなので、サラダやスープ、いため物など、さまざまな料理に利用できます。

蔵 1週間

ちぎって保存の場合 水けをよくふく

よく洗い、ちぎって水けをふいて、ポリ袋や容器などに入れて冷蔵も可能だが、保存期間は短くなる。

蔵 2週間

根元部分を水につけて、立てて保存

芯をくりぬき、水につけて立てて冷蔵。または使いやすい大きさに分けて水を張った容器に立てて冷蔵。軸の部分が変色している場合は、根元を少し切り、水を張ったボウルにつけ、冷蔵。金属にふれた部分が傷みやすくなるので、手でちぎる。

凍 3週間

まるごと冷凍でも切って冷凍でも可

- 生のようなシャキシャキ感は失われてしまうので、いため物やスープに使用する。
- 油でいためることで、栄養の吸収率もアップし、たっぷり食べられるので食物繊維もたくさんとれる。

💧 解凍方法

解凍せずそのまま調理に使える。冷凍したものは、葉が薄いので、劣化が進みやすい。色も悪くなるため、冷凍庫から出したらすぐに調理をスタートさせて。

🍴 レシピ 「ささ身とグリーンカールのサラダ」

材料と作り方（作りやすい分量）
❶耐熱皿にすじをとったささ身2本を入れ、塩小さじ1/8、酒大さじ1を振り、電子レンジで1分～1分30秒加熱し、ほぐす。❷ボウルにオリーブ油大さじ1、酢小さじ1/2、塩・こしょう各少々を入れてまぜ合わせる。❸①と食べやすい大きさにちぎって冷凍したグリーンカール2～3枚を加えざっくりまぜる。

はくさい

いろいろな保存法で まるごと楽しむ

旬は秋〜冬ですが、春はくさいや夏はくさいなどの品種もあるため、通年手に入れることができます。うまみ成分のグルタミン酸を多く含み、煮込むことで甘みとうまみがきわ立ちます。オレンジや紫のカラフルな品種もあり、それぞれβ‐カロテンやアントシアニンなどの抗酸化成分が含まれます。

栄養素（可食部100g あたり）
エネルギー ——————— 13kcal
たんぱく質 ——————— 0.6g
脂質 ——————————— Tr
炭水化物 ——————— 3.3g
無機質 カルシウム —— 43mg
　　　　鉄 ——————— 0.3mg
ビタミンA β-カロテン当量
　　　　　　—————— 92μg
　　　　B₁ ——————— 0.03mg
　　　　B₂ ——————— 0.03mg
　　　　C ———————— 19mg

可食部 **100**%

干 4〜5日間

葉をはがして1日天日干し

葉を1枚ずつはがし、軽く洗って水けをきり、天日干し。1日干すと、ほどよく水分が抜ける。浅漬けなどに重宝。

凍 1カ月

スープに入れるとトロトロに

食べやすい大きさに切り、洗わず、ポリ袋に入れ、そのまま冷凍保存。洗うと、傷みの原因になるので気をつける。葉と軸のかたい部分とに分けておくと、使うときに便利。

● ビタミン、ミネラル、食物繊維が豊富なはくさいは、冷凍のままスープ、なべ料理、いため物などに大活躍。
● シャキシャキ感は失われてしまうので、いため物やスープに使用するとよい。

🌢 解凍方法

冷凍のまま調理可能。冷凍はくさいは簡単に包丁で切れるので、そのまま細切りにしてあえ物にでき、おいしさも損なわれない。

常 3週間　漬 4〜5日間

まるごとなら冷暗所で立てて保存

まるごと紙袋に入れるかキッチンペーパーと新聞紙で全体をくるんで立てて冷暗所で保存。

かんたん浅漬けで手軽に保存

塩もみして容器やポリ袋に入れて保存。

蔵 2週間

いろいろなサイズに 切って冷蔵

食べやすい大きさに切る。軸と葉の部分を分けておくと便利。洗って保存すると傷みやすくなるので、洗わずに、そのままポリ袋に入れて冷蔵保存することが大事。使う直前に洗うとよい。まるごとや1/4個などを冷蔵する場合は、芯の部分に切りこみを入れて成長を止めて。

品種

通年流通するが、本来は冬野菜。
寒くなると株も大きく甘みも出てくる。

オレンジ

外葉は緑色だが、中の葉があざやかなオレンジ色。甘みが強く、歯ざわりがいい。あざやかな色を生かしてサラダにおすすめ。

パープル

サラダ用の紫はくさい。日に当たる外葉は緑がかっているが、中はあざやかな紫色。紫の色素であるアントシアニンをたっぷりと含む。一般的なはくさいより小ぶりのサイズ。

ミニ

小型で果重が1kgくらいのはくさい。一度に使いきれるので、人気が高まっている。歯ざわりがよく、生のまま、または煮るとやわらかくおいしい。

レシピ「はくさいマーボー」

材料と作り方（2人分）

❶木綿豆腐 150g は1cm角に切る。❷フライパンにごま油小さじ1を入れて熱し、みじん切りにしたにんにく小さじ1、豚ひき肉 100g、豆板醤小さじ1を入れ、いためる。❸水 1/2 カップを注ぎ入れ、沸騰したら①を加えて2〜3分煮る。❹食べやすい大きさに切って**冷凍したはくさい** 150 g を加え、さらに煮る。塩小さじ 1/4、オイスターソース小さじ2で調味し、水どきかたくり粉（かたくり粉小さじ1＋水大さじ1）でとろみをつける。❺器に盛り、好みで糸とうがらしをのせる。

漬 1週間（冷蔵）

レシピ「発酵塩漬け」

材料と作り方（作りやすい分量）

❶はくさい 1/4 個は縦半分に切る（4〜5時間天日干しをすると甘みが増す）。❷ポリ袋に①を入れ、塩 15g を振り、もんで全体をなじませる。❸赤とうがらし1本とコンブ1枚を加え、空気を抜き、冷暗所に約2〜3日おく。❹さわやかな酸味が出てきたら、さっと洗い、水けをしぼり、食べやすい大きさに切る。酸味が強くなってきたら、冷蔵室で保存する。

ほうれんそう

可食部
100%

冷凍しても
栄養はそのまま

通年出回りますが、出荷量のピークは10月～12月で、このころは味が濃く、栄養価も高くなります。シュウ酸によるえぐみがあるためゆでてアク抜きしてから食べるのが一般的ですが、えぐみの少ないサラダほうれんそうは生食できます。β-カロテン、ビタミンC、クロロフィル、カルシウム、ミネラルなどを豊富に含む野菜です。

栄養素（可食部100gあたり）
エネルギー ── 18kcal
たんぱく質 ── 1.7g
脂質 ── 0.2g
炭水化物 ── 3.1g
無機質 カルシウム ── 49mg
　　　 鉄 ── 2.0mg
ビタミンA β-カロテン当量
　　　　── 4200μg
　　B$_1$ ── 0.11mg
　　B$_2$ ── 0.20mg
　　C ── 35mg

蔵 1週間（生）／5日間（ゆで）

かためにゆでて保存がポイント

かためにゆでて保存容器などに入れて冷蔵。または生のままぬらしたキッチンペーパーに包んで冷蔵。

ゆでて保存する際の注意点

ゆでて冷凍・冷蔵する場合、やわらかく煮すぎると、調理のときにべちゃっとした感じになるので、お湯につけてしんなりしたらすぐにとり出して水につけ、しっかりと水けをしぼって冷凍・冷蔵。

凍 1カ月

ゆでてから1束ごと、重ねず冷凍

かためにゆでて冷凍。冷凍しても栄養価が変わらない。
● 冷凍のままお弁当に入れると、あとから水分が出てしまうので、しっかりと水分をしぼって。

● **解凍方法**
冷凍のまま調理可能。

品種

通年流通するが、冬場は甘みがのって美味。
春夏収穫の品種もあるが、香りは薄くなってしまう。

赤茎ほうれん草

茎が赤いのが特徴。アクが少なく生食用としてサラダの彩りに。ベビーリーフミックスにもよく使われている。家庭菜園でも手軽に栽培できる。

次郎丸

旬/11月〜2月

大正時代から愛知県稲沢市治郎丸地区で栽培されている東洋種。葉の切れ込みが深く、やや細長い。根はあざやかな紅色。寒さに当たると甘みが出てくる。

サラダほうれん草

丸い葉と長い茎が特徴的。下ゆでなしでサラダに使える便利なほうれんそう。

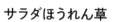

ちぢみほうれん草

露地栽培されるため、寒さに当たりながら成長し、背丈が伸びずに地面に張りつくような姿になる。肉厚で甘みが強い。

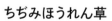

山形赤根ほうれん草

旬/10月中旬〜2月下旬

山形市で作られている東洋種。1927〜1928年ごろに栽培していたものから根の部分が特に赤いものを選抜し、土地に合うように改良。根があざやかな赤で、甘みがあるのが特徴。

🧑‍🍳 レシピ
「ほうれんそうのおひたし」

材料と作り方（2人分）
❶冷凍ほうれんそう1束分をさっと流水で洗い、5〜6cm長さに切って軽くしぼる。❷ボウルに①としょうゆ小さじ2、だし大さじ2、削り節適量を入れ、まぜ合わせる。

こまつな

可食部
100%

栄養豊富なので
保存して常備菜に

通年出回りますが、寒い時期に甘みが増しておいしくなります。栄養価にすぐれた野菜で、特にカルシウムの含有量は牛乳に匹敵します。栄養成分が一年を通して安定しているのも特徴です。アクが少ないため、下ゆでせずに使えます。もとは江戸の伝統野菜で、現在の東京・小松川あたりで栽培されていたことがその名の由来です。

栄養素 (可食部100g あたり)
エネルギー	13kcal
たんぱく質	1.3g
脂質	0.1g
炭水化物	2.2g
無機質 カルシウム	170mg
鉄	2.8mg
ビタミンA β-カロテン当量	3100µg
B_1	0.09mg
B_2	0.13mg
C	39mg

凍 | 1カ月

食べやすい大きさに切って冷凍

根元は切り落とし、食べやすい大きさに切り、保存容器かポリ袋に入れて保存。アクが少なく、カルシウム、鉄が豊富で、冷凍しても栄養価は変わらない。
● 繊維がくずれるので、筋張った感じがなくなり食べやすくなる。

💧 解凍方法
凍ったまま調理可能。

蔵 | 1週間

乾燥しないように
気をつける

軽くぬらしたキッチンペーパーに包み、ポリ袋に入れ、冷蔵。または、ざく切りにしてポリ袋や保存容器に入れて冷蔵。

品種

施設栽培で通年流通するが、
冬場は風味がのっておいしくなる。
大都市近郊で作られている青物野菜。

伝統小松菜

旬/10月中旬
　　～4月上旬

葛西村（現東京都
江戸川区）にあった
葛西菜を隣の小松
川村で改良し、こ
まつなと改名したと
いう説がある。伝統こ
まつなは緑色があざ
やかで、葉も茎もや
わらか。アクがなく、
えぐみもない。

ちぢみ小松菜

冬の寒さにさらし
「寒締め栽培」され
たもの。甘みが強く、
うまみが濃い。最近
は品種改良によるち
ぢみ品種もある。

東京黒水菜

かつて、こまつなを
みずなと呼ぶ地域が
あったという。濃い
緑色のこまつな。寒
さに強く、春先まで
収穫が続く品種。お
ひたしや煮物、漬け
物などに向く。

🍴レシピ
「こまつなとアサリの酒蒸し」

材料と作り方（作りやすい分量）
フライパンに**冷凍こまつな**1束分、**冷凍アサリ**
100g、酒大さじ2を入れてふたをし、弱火でア
サリの口があくまで蒸す。

🍴レシピ
「こまつなとバナナの
スムージー」

材料と作り方（作りやすい分量）
冷凍こまつな1/2束分、**冷凍バナナ**1本、牛乳
1カップをジューサーまたはブレンダーでかくは
んする。

なばな

可食部
100%

旬の時期に冷凍して賢く活用

アブラナ科のつぼみと花茎、若葉を食用にする野菜で、冬〜春に多く出回ります。栄養価が高く、抗酸化作用の高いビタミンC・E、β-カロテンを豊富に含みます。穂先の花の部分はやわらかく、茎は少しかたいので、調理する際は茎の部分をやや長めに加熱するのがポイントです。

栄養素（可食部100gあたり）

エネルギー	34kcal
たんぱく質	3.6g
脂質	0.1g
炭水化物	4.2g
無機質 カルシウム	160mg
鉄	2.9mg
ビタミンA β-カロテン当量	2200μg
B₁	0.16mg
B₂	0.28mg
C	130mg

凍 1カ月

塩ゆでし、ポリ袋に入れる

塩ゆでし、水けをふき、ポリ袋に入れて冷凍。栄養価はほとんど変わらない。
- 凍ったまますりおろして、ソースやスープにすることが可能。
- 冷凍のまま、削り節としょうゆを回しかけ、なばなのしょうゆ漬けに。

💧 **解凍方法**
凍ったまま調理可能。

蔵 5日間

塩ゆでし、保存容器で保存

塩ゆでし、水けをふき、保存容器に入れて冷蔵。または、生のままぬらしたキッチンペーパーに包んでポリ袋に入れて冷蔵。

漬 3〜4日間（冷蔵）

🍴 レシピ「塩コンブ漬け」

材料と作り方（作りやすい分量）
❶なばな1束は根元を切り落とし、かために塩ゆでして水けをしぼる。❷ボウルに①と細切り塩コンブ大さじ2を入れてまぜ、軽い重しをのせて2〜3時間漬ける。❸汁けをしぼり、4〜5cm長さに切る。

品種

春野菜として、早春から出回る。
アブラナを野菜用に改良した品種が多く、人気も高い。

オータムポエム

中国野菜の「紅菜苔」と「菜心」をもとに育成された新種。葉と茎がやわらかく、ほんのりとした甘みがある。また茎にはアスパラガスに似た風味がある。

三重なばな

旬/11月中旬〜3月
三重県の特産。採油用に栽培していた菜種を、1955年ごろ、若菜を食用にしたことをきっかけに、「三重なばな」としての出荷が始まった。あえ物やいため物など幅広い料理に使われる。

しゅんぎく

流通時期

1 2 3 4 5 6 7 8 9 10 11 12

常温	冷蔵	乾燥	冷凍
×	○	×	○

冷凍によりクセが やわらぎやさしい味に

10月～3月に多く出回る野菜です。栄養価が高いのが特徴で、同じ葉野菜のほうれんそうやこまつなよりもβ-カロテンを多く含みます。独特の香りは針葉樹にも含まれるα-ピネンという芳香成分によるもの。リラックス効果があり、発汗や消化促進作用も期待できます。

可食部
100%

栄養素 （可食部100g あたり）

エネルギー ———— 20kcal
たんぱく質 ———— 1.9g
脂質 ———— 0.1g
炭水化物 ———— 3.6g
無機質 カルシウム —— 120mg
　　　　鉄 ———— 1.7mg
ビタミンA β-カロテン当量
　　　　———— 4500μg
　　　　B_1 ———— 0.10mg
　　　　B_2 ———— 0.16mg
　　　　C ———— 19mg

蔵　5日間

茎は小さく切って

ざく切りにしてポリ袋に入れて冷蔵。または生のままぬれたキッチンペーパーに包み、ポリ袋に入れて冷蔵。

凍　1カ月

生で冷凍すると香りが強い

生でまるごとか、かために塩ゆでし、ざく切りにしてポリ袋に入れて冷凍。

● ゆでるとビタミンをほとんど失ってしまうので、冷凍をそのままスープに入れたり、ドレッシングやあえ物に。油との相性もいいので、いため物にも。

● しゅんぎくはジェノベーゼにしておくと、ゆで肉のソースやドレッシングとして使える。

💧 解凍方法

凍ったまま調理可能。すぐに使用することがおいしさの秘訣。

品種

通年流通するが、施設栽培なので風味は弱くなっているようだ。

スティックしゅんぎく

香りがマイルドで、苦みが少なくクセもない。特に、歯ごたえのある長い茎がおいしい。サラダやあえ物、なべ物に向いている。

大葉しゅんぎく

一般的なしゅんぎくのように葉がギザギザしておらず、切れ込みが浅い。葉の色はやや淡く、肉厚で、香りは控えめ。九州でよく栽培されている。

ねぎ

可食部
99%

冷凍することで辛みがやわらぎ青い部分も食べやすく

日本を代表する薬味の一つで、一年を通して出回ります。関東では白い部分の多い根深ねぎ、関西では葉の部分の多い葉ねぎが主に使われます。ツンとくる辛みは硫化アリルという有効成分によるもので、揮発性があり、水溶性。効率よく摂取したい場合は、食べる直前に刻み、水には長時間さらしすぎないようにしましょう。

栄養素（可食部100g あたり）

エネルギー	35kcal
たんぱく質	1.0g
脂質	Tr
炭水化物	6.1g
無機質 カルシウム	36mg
鉄	0.3mg
ビタミンA β-カロテン当量	82μg
B₁	0.05mg
B₂	0.04mg
C	14mg

凍 1カ月　**蔵** 10日間

厚めの斜め切りにして冷凍

少し厚めの斜め切りにし、ポリ袋に入れ、冷凍。

- 冷凍すると少し食感がやわらかくなるので、ねぎの甘みを楽しみたいみそ汁やなべ料理などに使用。
- かたくなりがちな青い部分が、冷凍すると逆にやわらかくなり、ねぎのくさみもなくなる。
- 冷凍したものは、そのままグリルでじっくり焼いて食べると、甘みも抗酸化力も倍増。

● 解凍方法

冷凍庫から出したらできるだけ早く使用する。

使いがってのいい小口切りにして

小口切りにし、容器に入れ、冷蔵・冷凍。めん類の薬味やみそ汁などにも手軽に使えて便利。またはぬらしたキッチンペーパーに包んでポリ袋に入れて冷蔵。5日ほどで使いきること。

青い部分はねぎみそに

ねぎ1本分のみじん切りをごま油大さじ1でしっかりいため、みそとみりん各大さじ1で味つけすれば、ねぎみそのでき上がり。容器に入れて、冷蔵保存可能。ゆでた大根や熱々ごはんにのせたり、いため物の調味料として。

常 1週間

洗わずにそのまま保存が鉄則

水けは厳禁。洗わずに、まるごと紙袋に入れて、立てて保存。

品種

通年流通しているが、冬の時期には
甘みがあっておいしくなる。
西日本は緑の葉ねぎ、東日本では
根深ねぎを好むという差がある。

根深ねぎ

根深ねぎは長ねぎ、白ねぎのこ
と。旬を迎える冬は糖質とペク
チンがふえて甘みが増す。

深谷ねぎ

旬/11月中旬
〜2月

秋冬ねぎの代名詞として知
られ、埼玉県深谷市周辺で
栽培されている根深ねぎの
総称。糖度が高いのが特
徴。また繊維がきめこまか
く、白くてやわらかい。

下仁田ねぎ

旬/11月中旬
〜12月下旬

群馬特産の一本ねぎ。見た目
はずんぐりとしているが、肉質
がやわらかい。甘みと辛みがあ
り、加熱すると甘みが増す。煮
物にするとうまみが引き立つ。

赤ねぎ

旬/11月中旬〜2月上旬

明治時代より、現在の茨城
県東茨城郡城里町の圷地
域で栽培。軟白した部分は
赤紫色だが、内部は白い。
青い葉はやわらかい。

あさつき

ねぎの近縁種で、ねぎより
も浅い緑色。主に薬味とし
て使われる。刺し身に添え
るのは殺菌効果があるか
らとされている。

干 | 2週間（冷蔵）

青い部分を小口切りにし、
天日干し

ねぎの青い部分を小口切りにし、キッチンペー
パーを敷いた上に広げ、天日干し。うまみが凝縮。

漬 | 1週間（冷蔵）

🧑‍🍳 レシピ「ごま塩漬け」

材料と作り方（作りやすい分量）
ねぎ1本はみじん切りにし、ごま油大さじ1、塩小
さじ1/2をまぜ合わせて保存容器に入れ、冷蔵
保存。

にら

可食部 **100**%

香りを楽しむなら早めに使うこと

日本では『古事記』や『万葉集』にも登場する歴史の古い野菜です。一般的な品種のほか、日光に当てず軟白栽培する黄にらや、やわらかい花茎とつぼみを食す花にらも出回ります。独特の香りは硫化化合物によるもので、ビタミンB₁を含むレバーなどと組み合わせると疲労回復効果が期待できることから、スタミナのつく野菜としてもおなじみ。

栄養素（可食部100g あたり）

エネルギー	—	18kcal
たんぱく質	—	1.3g
脂質	—	0.1g
炭水化物	—	4.4g
無機質 カルシウム	—	48mg
鉄	—	0.7mg
ビタミンA β-カロテン当量	—	3500μg
B₁	—	0.06mg
B₂	—	0.13mg
C	—	19mg

凍	1カ月	蔵	5日間

調理しやすい長さに切って

調理しやすい長さに切り、保存容器に入れて冷凍・冷蔵保存を。

- 独特の香りも少しとんでしまうので、冷凍しても早めに使いきる。
- 食感が失われるので、火入れは短時間に。ギョーザのタネや、お好み焼きのタネ、にら玉などに使用するとよい。
- 肉との相性がいいので、冷凍はそのまま野菜いためやレバにらなど、肉料理にとり入れて。

····································

💧 解凍方法
冷凍庫から出したらできるだけ早く使用する。

🍴 レシピ 「にらだれ」

材料と作り方（作りやすい分量）
❶冷凍にら 1/2 束分はこまかいみじん切りにし、おろししょうが 1/2 かけ分、しょうゆ大さじ2、酢大さじ1、ごま油・いり白ごま各大さじ 1/2、砂糖小さじ 1/2 とまぜ合わせる。❷冷蔵室で1〜2時間なじませる。

🍴 レシピ 「にら玉」

材料と作り方（2 人分）
❶ときほぐした卵 2 個に冷凍にら（お好みの量）、砂糖小さじ1、塩・しょうゆ各少々を入れてまぜる。❷フライパンにサラダ油を引いて熱し、①を流し入れ、手早く菜箸をぐるぐる回し、全体に火が通ったら器に盛る。

チンゲンサイ

	流通時期	常温	冷蔵	乾燥	冷凍
	1 2 3 4 5 6 7 8 9 10 11 12	△	○	×	○

可食部
100%

葉と茎を時間差で なべに投入で シャキシャキ

中華料理ではよく使われる野菜で、日本には1970年代ごろに入ってきたといわれています。旬は秋ですが、ハウス栽培ものが通年出回ります。アクがなく、煮くずれしにくいことから、いため物やスープ、煮込み料理など、幅広い調理法に対応します。ビタミンC、β-カロテン、カルシウム、カリウムなどを含む栄養価の高い野菜です。

栄養素（可食部100g あたり）

エネルギー		9kcal
たんぱく質		0.7g
脂質		0.1g
炭水化物		1.6g
無機質 カルシウム		100mg
鉄		1.1mg
ビタミンA β-カロテン当量		2000μg
B₁		0.03mg
B₂		0.07mg
C		24mg

蔵　5日間

そのまま、 または用途に合わせて 切って冷蔵

そのままも、切ったものも、ぬらしたキッチンペーパーに包み、ポリ袋に入れて冷蔵。

凍　1カ月

解凍せずにそのまま使える

細切り、ざく切りなど用途に合わせてカットし冷凍。
● 冷凍のチンゲンサイはすぐに火が通る。
● 葉は薄いため、冷凍したものは少しやわらかくなるが、茎のほうはシャキシャキとしていて甘みも。
● チンゲンサイは、油といっしょにとることでさらに栄養価がアップする。冷凍はそのままいため物などに。

解凍方法
冷凍室から出したらできるだけ早く使用する。

レシピ
「チンゲンサイと牛肉の オイスターソースいため」

材料と作り方（2〜3人分）
❶フライパンにごま油小さじ1を熱し、牛切り落とし肉100gを入れていためる。❷色が変わったら、塩・こしょう各少々、オイスターソース小さじ2で調味し、食べやすい大きさに切って**冷凍したチンゲンサイ**1株分を加え、いため合わせる。

しそ

可食部
100%

冷凍は、しょうゆやみそとの相性が抜群

主に葉を利用する和ハーブですが、若い芽や花穂、未熟な実も食用にします。5月〜6月には、抗酸化作用の高いアントシアニンを含む赤じそも出回ります。香り成分のペリルアルデヒドには、防腐作用のほか、発汗作用や鎮咳作用、食欲増進作用があることも知られています。

栄養素 (可食部100gあたり)

エネルギー		32kcal
たんぱく質		3.1g
脂質		Tr
炭水化物		7.3g
無機質	カルシウム	230mg
	鉄	1.7mg
ビタミンA	β-カロテン当量	
		11000μg
	B₁	0.13mg
	B₂	0.34mg
	C	26mg

蔵 10日間

軽く湿らせて保存容器に

霧吹きで軽く湿らせたキッチンペーパーに包み、保存容器などに入れて冷蔵。そうすることで、買ってきたときよりも葉がみずみずしくなる。

干 1カ月 (冷蔵)

ドライパセリ感覚で使える

天日でカラカラになるまで干すか、電子レンジで3分加熱する。

漬 4〜5日間

漬けておいしく

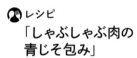

青じそ10枚にしょうゆ大さじ1〜2を振り、冷蔵保存。しんなりしたらOK。のりがわりにおにぎりに巻いても。しょうゆは香りしょうゆとして活用を。

🍲 レシピ
「しゃぶしゃぶ肉の 青じそ包み」

材料と作り方 (作りやすい分量)
❶しゃぶしゃぶ用肉100gを1枚ずつ熱湯でゆで、色が変わったら、とり出し、冷水に通し、水けをきる。❷青じそのしょうゆ漬け(上記参照)で包む。

凍 3週間

そのままでも、切っても、冷凍可

細切り、ざく切りなど用途に合わせてカットし冷凍。
● 冷凍は香りがそのまま残るが色が少し黒ずむことがあるので、しょうゆと合わせたり、汁物の具に。
● みそと合わせて、しそみそにするなども。

💧 解凍方法
冷凍室から出したらすぐ使用する。

パクチー

可食部
100%

根まで刻んで冷凍できる

シャンツァイ、コリアンダーとも呼ばれ、世界的によく使われる食用ハーブの一つです。日本でも近年の食の多国籍化に伴い、身近なものとなりました。独特の香りは、刻んだりすりつぶしたりすることできわ立ちます。抗酸化作用のあるβ-カロテンやビタミンCを豊富に含む栄養価の高い野菜でもあります。

干 1カ月（冷蔵）

レンチンすれば
ドライパクチーに

洗って水けをふき、さらにしぼる。耐熱容器にキッチンペーパーを敷いてパクチーを広げ、電子レンジで3分加熱するとドライパクチーに。

蔵 10日間

水につけて保存

葉のみをちぎり、水を張った保存容器にひたして冷蔵。もしくは、根ごと水を張った容器に入れ、冷蔵保存する。このとき、根が水にきちんとつかっていることが大事。シャキシャキ感がアップする。

凍 1カ月

冷凍しても香りはキープ

細切り、ざく切りなど用途に合わせてカットし冷凍。茎はみじん切りにして葉といっしょに冷凍。

● 冷凍したものは、香りも抜けずに残る。香り成分には、整腸・健胃・解毒作用があるので、胃の調子が悪いときなどには積極的に活用したい。しょうゆとの相性もよい。

解凍方法

冷凍室から出したらすぐ使用する。

レシピ
「アボカドとパクチーの
チーズサラダ」

材料と作り方（2～3人分）
❶アボカド1個を食べやすい大きさに切る。❷①とオリーブ油大さじ1、レモン汁小さじ1、好みのチーズ20gを合わせ、切って**冷凍したパクチー**1束分と合わせる。❸器に盛り、黒こしょうとブラックオリーブ各適量を散らす。

みつば

可食部
95%
根のみ
破棄

根を水につけ、冷蔵保存でシャキッ!

日本各地で自生するので古くから食用にされてきましたが、栽培されるようになったのは江戸時代以降。ハウスで水耕栽培されたものが一年を通して手に入ります。特有のさわやかな香りには、イライラを鎮めたり、食欲を増進させたりする効果があるとされます。

栄養素（可食部100g あたり）
エネルギー ——— 19kcal
たんぱく質 ——— 1.8g
脂質 ——— 0.1g
炭水化物 ——— 2.9g
無機質 カルシウム — 52mg
鉄 ——— 1.8mg
ビタミンA β-カロテン当量
——— 1700μg
B_1 ——— 0.05mg
B_2 ——— 0.13mg
C ——— 22mg

蔵 1週間

根ごと水につける

容器に水を張り、根ごとつけて冷蔵。できるだけ早く使い切る。根元を水につけておくことで、葉先まで常にシャキシャキ感を保てる。

干 1カ月（冷蔵）

汁物の浮き身に最適

電子レンジ（600Wで3分加熱）で簡単に乾燥できる。
● 香りは乾燥したもののほうが冷凍のものよりも強い。

凍 1カ月

冷凍しても香り豊か

根を切らずに冷凍することで、茎の芯まで冷凍でき、解凍時には香りが戻る。
● 冷凍は、汁物に浮かべたり、茶わん蒸しの彩り、おひたしや酢の物など、汁けのある料理に。

解凍方法
冷凍室から出したらすぐ使用する。

レシピ
「みつばのおかかあえ」

材料と作り方（作りやすい分量）
器に食べやすい長さに切った**冷凍みつば**適量を盛り、削り節適量をのせ、しょうゆ適量を回しかける。

クレソン

可食部
100%

流通時期

	常温	冷蔵	乾燥	冷凍
	△	◎	△	○

1 2 3 4 5 6 7 8 9 10 11 12

小分けにして冷凍がベスト

原産地はヨーロッパですが、山地のきれいな水辺で育ちやすく、明治時代に導入されて以降、日本各地でも自生するようになりました。ピリリとした辛みは、だいこんやわさびと同じアリルイソチオシアネートという成分によるもので、殺菌効果や食欲増進効果があるといわれています。

栄養素（可食部100g あたり）

エネルギー		13kcal
たんぱく質		1.5g
脂質		0.1g
炭水化物		3.0g
無機質	カルシウム	110mg
	鉄	1.1mg
ビタミンA	β-カロテン当量	2700μg
	B₁	0.10mg
	B₂	0.20mg
	C	26mg

ビタミンA は B_1 0.10mg、B_2 0.20mg、C 26mg

漬 4〜5日間

刻みクレソンのしょうゆ漬け

❶クレソン2束は根元を切り落とし、こまかく刻む。❷ポリ袋に入れ、しょうゆ大さじ2、いり白ごま小さじ2で調味し、なじませる。空気を抜き、袋をとじ、冷蔵室で1時間冷やす。

● 茎の部分にも栄養がたっぷり含まれているので、捨てずに刻んで利用。

凍 1カ月

冷凍することで香り長もち

ざく切り、みじん切りなど用途に合わせてカットし冷凍。温度の変化に弱いので、冷凍するときにはポリ袋に小分けにして。

● 2〜3日で香りが変わるので、早く冷凍を。
● 冷凍したものは生食は不向き。火を通したほうがよい。スープ、いため物、あえ物に。
● 冷凍したクレソンは包丁で簡単に茎の部分も切れるので、そのまま使用可能。

💧 解凍方法
冷凍室から出したらすぐ使用する。

蔵 1週間

茎を水につける

容器に水を張り、茎を水につけて立てて冷蔵。1週間ほどみずみずしさを保てる。水は2〜3日に一度はとりかえて。

パセリ

可食部
100%

たくさん買ったら
乾燥パセリに

ハウス栽培などで通年出回りますが、3月～5月と9月～11月が旬で、葉がやわらかく、風味もよくなります。料理の添え物として利用されることが多いハーブですが、ビタミンCやβ-カロテンなどの栄養素も豊富に含みます。特有の香りはアピオールという成分によるもので、抗菌作用のほか、口臭予防や食欲増進作用があるといわれています。

栄養素 (可食部100g あたり)

エネルギー	34kcal
たんぱく質	3.2g
脂質	0.5g
炭水化物	7.7g
無機質　カルシウム	290mg
鉄	7.5mg
ビタミンA β-カロテン当量	7400μg
B₁	0.12mg
B₂	0.24mg
C	120mg

蔵 10日間　**常** 2～3日間

水につければ常温でOK

茎を水につけておけば常温で保存可能。冷蔵する場合は、茎の部分をぬれたキッチンペーパーで包み、ポリ袋に入れ、冷蔵。
● 温度差に弱いので扱いに注意。

干 半年 (冷蔵)

葉のみを天日で干すかレンチンで

葉の部分を食べやすい大きさにちぎり、ざるなどに広げ、天日干しにする。電子レンジで加熱する場合、皿にキッチンペーパーを敷き、茎をとったパセリをのせ、600Wで3分程度加熱する。パリパリになり、色も美しく、香りも強い。レンジでなら、より手軽に乾燥パセリが作れる。乾燥後保存びんに入れて冷蔵室で保存。

● レモンよりもビタミンCが豊富なパセリは、鮮度のよいときに保存することで、栄養価キープ。
● 乾燥パセリは色があざやかで市販のドライパセリよりも香りも強い。
● 乾燥パセリをオイルにつけてパセリオイルを作ることもできる。

凍 1カ月

ポリ袋に入れて

キッチンペーパーで包み、ポリ袋に入れて冷凍。
● 冷凍したあとに袋の上から手でほぐすと、パラパラになる。

◑ 解凍方法
冷凍室から出したらすぐ使用する。

バジル

可食部
100%

ジェノベーゼを
たっぷり作って保存

日本で主に出回るのはスイートバジルという品種。香り成分はオイゲノールという成分によるもので、抗菌作用や鎮静作用があるといわれています。イタリア料理のイメージが強いハーブですが、原産地はインドで、アーユルヴェーダでは寿命を延ばす不老不死の植物とされています。

栄養素（可食部100g あたり）

エネルギー	21kcal
たんぱく質	1.2g
脂質	0.5g
炭水化物	4.3g
無機質　カルシウム	240mg
鉄	1.5mg
ビタミンA　β-カロテン当量	6300μg
B₁	0.08mg
B₂	0.19mg
C	16mg

凍　1カ月

ソースや煮込み料理に使用して

ラップで包み、重ならないように平らにして冷凍。
● 冷凍したものは、パスタやスープなどの香りづけに。しなっとなるので、サラダなどには不向き。

💧 **解凍方法**
冷凍室から出したらすぐ使用する。

蔵　1週間

水分を逃さない
ように保存

ぬらしたキッチンペーパーに包み、購入時に入っていた容器に戻し入れ、冷蔵。劣化が早いので、上手に保存して長もちさせる。温度変化にも弱いので、温度差に気をつける。

🍴 **レシピ**
「ジェノベーゼソース」

材料と作り方（作りやすい分量）
❶フードプロセッサーかミキサーにバジルの葉40g、粉チーズ30g、にんにく1かけ、塩小さじ1/3、オリーブ油1/2 カップを入れ、ペースト状になるまでかくはんする。❷保存びんに入れ、オリーブ油少々（分量外）をたらし、冷蔵室で保存する。

干　半年（冷蔵）

手作りドライバジルで香り豊かに

天日に干すか、電子レンジ（600W で 3 分程度加熱）でも簡単にできる。
● 乾燥バジルはパセリほどあざやかな緑色にはならないが、香りはそのまま残る。

みょうが

可食部
100%

小分け保存が鉄則

ハウス栽培ものが通年手に入りますが、初夏から秋にかけてが旬の香辛野菜です。淡い赤色は抗酸化作用のあるアントシアニンによるもので、酢やレモンなどの酸と合わせると、よりあざやかに発色するため、漬け物などの材料としてもよく利用されます。主に食用にするのはつぼみが集まった花穂部分ですが、葉や茎にも有効成分が含まれ、入浴剤などに利用できます。

栄養素（可食部100g あたり）

エネルギー ——————— 11kcal
たんぱく質 ——————— 0.7g
脂質 ——————————— 0.1g
炭水化物 ——————— 2.1g
無機質　カルシウム —— 25mg
　　　　鉄 —————— 0.5mg
ビタミンA β-カロテン当量
　　　　　——————— 27μg
　　　　B₁ ————— 0.05mg
　　　　B₂ ————— 0.05mg
　　　　C ——————— 2mg

凍　1カ月

ラップで包んでポリ袋へ

1個ずつラップで包み、ポリ袋に入れ、冷凍。またはキッチンペーパーで包み、ポリ袋に入れ、冷凍。小口切り、せん切りなど用途に合わせてカットし冷凍でも。

● 冷凍は、シャキシャキ感はないが、味はしみ込みやすくなる。

💧 解凍方法

冷凍室から出したらすぐ使用する。包丁で簡単に切れる。

干　5日間（冷蔵）

半分にカット、または小口切りにして天日干し

● 半分にカットして干したものは、いため物やスープの具材として。
● 小口切りにしたものは薬味用に。

蔵　10日間

水につけることでシャキシャキ感が残る

10日ほどで使いきる場合、保存容器などに水を張り、その中につけて冷蔵保存する。

漬　2週間（冷蔵）

🍴 レシピ 「ピクルス」

材料と作り方（作りやすい分量）
❶みょうが6個は縦半分に切り、しょうが50gは皮をむき、薄切りにする。❷小なべに基本のピクルス液（p.27参照）を入れ、中火にかけ、沸騰したら、弱火にして①を入れる。1分加熱して火を止め、そのまま冷ます。❸保存容器に入れ、冷蔵室で半日以上冷やす。

ローズマリー

可食部
100%

チキン料理には欠かせない。いろいろな保存方法が

ハーブの中でも特に抗酸化力が強く、「若返りのハーブ」とも呼ばれています。さわやかな香りと抗酸化作用のもととなる成分は針葉樹にも含まれるピネン。葉をさわって少しべたべたするものが、精油成分を多く含み、良品とされます。

干　半年（冷蔵）

天日干しか、電子レンジで

茎から葉を手でこそげとり、天日に干すか、電子レンジで2分加熱。
● 乾燥したものは、バターやクリームチーズなどにまぜ込んでハーブペーストにすると香りが引き立つ。
● 香りもそのまま残っているので、肉料理のアクセントに。

蔵　1週間

水分を逃さないように保存

ぬらしたキッチンペーパーで包み、購入時に入っていた容器に戻し入れ、冷蔵。

凍　1カ月

まるごと冷凍で香りをキープ

生のまま茎ごとポリ袋に入れて冷凍。
● 冷凍後もよい香りがする。

解凍方法

水けが少ないので、冷凍室から出しても水は出ない。そのまま使える。

レシピ「ローズマリーペースト」

材料と作り方（作りやすい分量）
❶フードプロセッサーかミキサーにくるみ30g、にんにくのみじん切り1かけ分、オリーブ油70㎖、ローズマリー50g（よく洗い水けをきる）の葉をちぎって入れ、塩小さじ1/3を振る。
❷ペースト状になるまでかくはんする。❸保存びんに入れ、オリーブ油少々（分量外）をたらし、冷蔵室で保存する。

ハーブ類

水分を与えながら保存でイキイキ

可食部
100%

凍 1カ月

茎もいっしょに冷凍可能

そのままポリ袋に入れて冷凍保存。製氷機にミントの葉を入れ、その上から水を注ぎ、凍らせるとミント氷ができる。

● 炭酸水やミントティーにしても生のものと遜色ない。
● いずれも熱に強い成分が含まれているので、冷凍したものをそのまま加熱調理に使用可能。

❄ 解凍方法

冷凍室から出したらすぐに使用する。特にミントは冷凍室から出すと、葉が黒くなってしまうので、すぐに使用する。

干 半年（冷蔵）

ドライミントはお菓子作りにも最適

茎から葉を手でちぎり、天日に干すか、電子レンジで3分加熱。

● ドライミントはラム肉などクセのある肉と合わせると、くさみ消しに。

🍵 レシピ「ハーブティー」

材料と作り方（作りやすい分量）
❶ハーブ（冷蔵・冷凍）は軽く洗って汚れを落とし、太い茎や傷んだ葉をとり手でちぎる（ハーブのエキスが出やすくなる）。レモングラス適量はキッチンばさみで適当な長さに切る。❷ポットに①をティースプーン山盛り1杯入れる（1人分の目安）。葉がつかるくらいの湯（95～98度）を注ぎ入れ、ふたをして3分蒸らす。茎やつぼみなどのかたいものは5分おく。❸ポットを軽くゆすり、濃度を均一にしてから、カップに注ぎ入れる。※カップはあたためておくとよい。

蔵 2週間

水分を確保し、保存

水を張った保存容器に入れ、冷蔵。もしくは、ぬらしたキッチンペーパーを軽くしぼり、これに包み、冷蔵。ペーパーが乾いたら、霧吹きなどで軽く湿らせる。冷蔵で約1週間OK。

● 水につけて冷蔵保存したものは、買ってきたときよりも香りが強く感じられる。

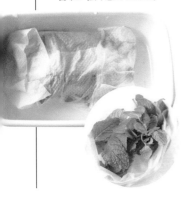

カリフラワー

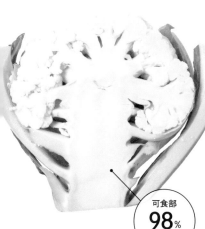

可食部 **98**% 葉も利用

冷凍は さまざまな料理に

収穫時期をずらして全国で栽培されているので通年手に入りますが、おいしくなるのは11月〜3月ごろ。ブロッコリーの陰に隠れがちですが、ビタミンCを豊富に含み、その量はキャベツの2倍ともいわれます。生食できるので、ピクルスやマリネにも向きます。

栄養素 (可食部100g あたり)
エネルギー		28kcal
たんぱく質		2.1g
脂質		0.1g
炭水化物		6.1g
無機質	カルシウム	24mg
	鉄	0.6mg
ビタミンA	β-カロテン当量	18μg
	B₁	0.06mg
	B₂	0.11mg
	C	81mg

蔵　10日間

乾燥しないように注意

乾燥すると花蕾が黄色くなって味が落ちるので、キッチンペーパーに包み、ポリ袋に入れて冷蔵。

常　1日

まるごと保存が基本

冷暗所で保存。1日でつぼみが茶色になることもあるので注意。

干　3日間 (冷蔵)

ホクホクとした歯ごたえが魅力的

小房に分けてよく洗い、水けをふき、2〜3日天日干し。いため物に最適。

凍　1カ月

食べやすく切って保存

茎も花蕾の部分も同じくらいのかたさなので切り分けない。食べやすく切ってポリ袋に入れ、冷凍保存。解凍せず、そのままポタージュにしたり、ゆでてサラダやいため物などさまざまな料理に利用できる。

● 冷凍は繊維が壊れてすぐにやわらかくなるため、スープがおすすめ。
● ゆでるとビタミンCが半減するので、そのままいため物、ピクルスなどに。

💧 解凍方法
冷凍室から出したらできるだけ早く使用する。

🍴 レシピ「ピクルス」
材料と作り方 (作りやすい分量)
❶冷凍カリフラワー150gをさっと洗い水けを拭く。❷小なべに基本のピクルス液 (p.27参照)、クローブ3本を入れて火にかける。沸騰したら弱火にし、①を加え、2分加熱する。火を止め、そのまま冷ます。❸保存容器に移し、冷蔵室で半日以上おく。

ブロッコリー

冷凍しても食感は残る

通年出回る緑黄色野菜の代表格で、抗酸化作用を持つβ-カロテンやビタミンCを多く含みます。注目すべきは辛み成分のスルフォラファンで、がんをはじめとする生活習慣病予防に効果があるとされています。水溶性のビタミンを効率よく摂取するには、たっぷりの湯でゆでるよりも、少ない水で蒸すのがおすすめです。

可食部 **100**% 葉は除く

栄養素（可食部100g あたり）

エネルギー	37kcal
たんぱく質	3.8g
脂質	0.3g
炭水化物	7.5g
無機質 カルシウム	50mg
鉄	1.3mg
ビタミンA β-カロテン当量	900μg
B_1	0.17mg
B_2	0.23mg
C	140mg

凍 1カ月

茎と花蕾の部分に分けて

茎と花蕾の部分に切り分け、それぞれポリ袋に入れ、冷凍。茎と花蕾部分はかたさが違うので、別々の料理に使うとよい。生のまま冷凍することで、ビタミンなどの栄養を損なわずに保存可能。花蕾の部分はシチューなどにそのまま使用する。

- 解凍してもやわらかくなりすぎず、歯ごたえが残っている。サラダなどに。
- いため物や蒸し料理など、生のブロッコリーと同じように利用できる。

🔵 解凍方法

冷凍室から出したらできるだけ早く使用する。

花蕾部分はシチューなどにそのまま使用。

茎の部分は解凍せずにそのままアヒージョやいため物などに。

蔵 10日間

乾燥しないように注意

乾燥すると花蕾が黄色くなって味が落ちるので、キッチンペーパーに包み、ポリ袋に入れて冷蔵。

干 3日間（冷蔵）

干したものは歯ごたえが魅力

小房に分けてよく洗い、水けをふき、2〜3日天日干し。煮物やいため物に最適。

常 1日

まるごと保存が基本

冷暗所で保存。1日でつぼみが黄色くなることもあるので注意。

品種

秋〜春が旬だが、夏は高冷地での栽培がある。
輸入は米国西海岸から氷詰めし、2〜3週間の船便で。

茎ブロッコリー

小房に分ける手間が不要で、人気の品種。長い茎の部分もやわらかく、食味がアスパラガスに似ている。「スティックセニョール」が代表品種。サラダや肉料理などのつけ合わせに。

ブロッコリー

地中海沿岸地方原産。野生キャベツから生まれた野菜。食べるのは、小さなつぼみがたくさん集まった花蕾と茎の部分。つぼみが密集しているものが良質。

紫ブロッコリー

花蕾があざやかな紫色なのが特徴。これはポリフェノールの一種、アントシアニンの色。ゆでると緑に変色する。また、甘みがある。

🐧レシピ「ポタージュ」

材料と作り方（作りやすい分量）
❶なべにバター10gをとかし、**冷凍ブロッコリー**の小房150gをしんなりするまでいためる。❷ひたひたになるくらいまで水を注ぎ入れ、ブロッコリーがやわらかくなるまで弱火で煮る。❸火を止め、ブレンダーでなめらかになるまでかくはんする（ブレンダーがない場合はお玉などでつぶす）。❹牛乳1カップを加えてあたため、塩・こしょう各少々で調味する。❺器に盛り、好みで生クリームをたらす。

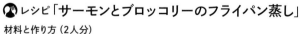

🐧レシピ「ブロッコリーとソーセージのナポリタン」

材料と作り方（1人分）
❶パスタ100gは袋の表示時間どおりにゆでる。❷パスタがゆで上がる2分前に**冷凍ブロッコリー**5房と薄切りにして冷凍したソーセージ1本分を加えてゆで、ざるに上げて水けをきる。❸フライパンにトマトケチャップ大さじ2を入れ、弱火で1〜2分いため、②を加え、全体をからませ、塩・こしょう各少々で味をととのえる。❹器に盛り、粉チーズ適量を振る。

🐧レシピ「サーモンとブロッコリーのフライパン蒸し」

材料と作り方（2人分）
フライパンにサーモン（生）2切れと**冷凍ブロッコリー**6〜8房を並べ、塩・こしょう各少々、白ワイン大さじ2を振り、火にかける。沸騰したらふたをして弱火で5分ほど蒸す。

アスパラガス

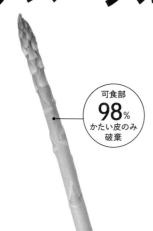

可食部
98%
かたい皮のみ
破棄

ゆでてから水に
つけて冷蔵保存

輸入ものも合わせて通年出回りますが、国産の露地栽培ものが出回るのは春から初夏にかけてです。疲労回復効果のあるアスパラギン酸や貧血予防に役立つ葉酸を豊富に含み、特に穂先には高い栄養価があります。下処理でむいた皮は、ゆでるときに加えると、より風味よく仕上がります。

栄養素（可食部100g あたり）

エネルギー		21kcal
たんぱく質		1.8g
脂質		0.2g
炭水化物		3.9g
無機質	カルシウム	19mg
	鉄	0.7mg
ビタミンA	β-カロテン当量	
		370µg
	B₁	0.14mg
	B₂	0.15mg
	C	15mg

蔵 5日間（生）／4日間（ゆで）

食感は、
下ゆで後の冷蔵がよい

下ゆでして水につける。または生のままぬれたキッチンペーパーに包んでポリ袋に入れる。

凍 1カ月

生を冷凍。解凍なしで利用できる

アスパラガスはポリ袋に入れて冷凍保存。
- 食感がやわらかくなるが、味がしみ込みやすくなるため、煮物などの汁けのある料理に。
- いため物には不向き。
- 旬のアスパラガスは抗酸化力が5倍以上にもなるので、旬の時期に冷凍し、栄養価をキープ。

💧 解凍方法

水につけず、1分ほど常温におくと、無理なく包丁で切れる。解凍時、水分も出ず、色も変わらない。

こまかく切るとおいしい！

冷凍したものは弱めの強火でいためたり、ゆでるとやわらかくなる。ただ、アスパラ独特の筋や冷凍によるスカスカ感があるので単独で料理するより肉や野菜などほかの材料といっしょに調理すると気にならない。また、こまかく切ると、おいしく食べられる。

🍳 レシピ
「アスパラガスの
アンチョビいため」

材料と作り方（作りやすい分量）
❶熱したフライパンにオリーブ油小さじ1とにんにくのみじん切り小さじ1/2を入れ、香りが立ってきたら食べやすく切った**冷凍アスパラガス**4本分をいためる。❷アスパラガスがあたたまったらアンチョビフィレ1枚を加え、全体をまぜ合わせる。

セロリ

可食部
100%

冷凍保存で
香りがやわらぐ

時期をずらして全国で栽培されているので、通年出回ります。独特の香りにはアピインというポリフェノールが含まれ、イライラ解消や不安を鎮める効果があるといわれています。根元よりも葉先のほうにより多くの栄養素が含まれるので、無駄なく利用しましょう。

栄養素（可食部100gあたり）

エネルギー		12kcal
たんぱく質		0.4g
脂質		0.1g
炭水化物		3.9g
無機質	カリウム	410mg
	カルシウム	39mg
	鉄	0.2mg
ビタミンA	β-カロテン当量	44μg
	B$_1$	0.03mg
	B$_2$	0.03mg
	C	7mg

蔵　5〜7日間

乾かないように水分を補給

霧吹きなどで軽く湿らせたキッチンペーパーに包み、冷蔵保存。ペーパーが乾かないようにときどき霧吹きなどで軽く水を吹きかけると、長く保存可能。

干　1週間（冷蔵）

香りが凝縮

葉と茎を分けて干す。煮込み料理やスープに最適。

凍　1カ月　　常　2日間

好みの大きさに切って保存

冷凍しても簡単に包丁で切れるので、好きな大きさに切り、ポリ袋に入れて冷凍。葉と茎はいっしょに冷凍。
- 冷凍の葉の部分は、スープなどに使用。
- スープに入れるとトロトロになり、特有のくさみもなくなるので、セロリ嫌いの人にも。
- セロリに含まれる栄養素は熱に強いので、冷凍したセロリはそのまま煮込みやいため物などに。

🔵 **解凍方法**
冷凍室から出したらすぐに使用する。

👨‍🍳 **レシピ**
「セロリとイカのマリネ」

材料と作り方（2人分）
❶冷凍セロリ1本は筋をとり、5mm厚さの斜め切りにする。イカ（冷凍）の胴1/2はい分は皮をむき、7mm厚さの輪切りにする。❷①を熱湯でさっとゆで、水けをきる。❸ボウルに白ワインビネガー大さじ3、粒マスタード大さじ1、はちみつ・レモンのしぼり汁各大さじ1を入れ、よくまぜ合わせる。❹②を加え、冷ましながら味をしみ込ませる。

もやし

可食部
100%

シャキシャキ感を楽しむなら水につけて冷蔵保存

95％が水分でダイエット向きの野菜ですが、栄養素は豊富です。疲労回復効果のあるビタミンB_1、骨や歯を強化するカルシウム、抗酸化作用のあるビタミンCを含みます。水からゆでるとシャキシャキとした食感に仕上がります。湯からゆでるとやわらかく仕上がりますが、栄養素の残存率は高くなります。

栄養素 (可食部100g あたり)

エネルギー		15kcal
たんぱく質		1.3g
脂質		0.1g
炭水化物		2.6g
無機質	カルシウム	9mg
	鉄	0.2mg
ビタミンA	β-カロテン当量	
		3μg
	B_1	0.04mg
	B_2	0.05mg
	C	7mg

蔵 1週間

水につけて冷蔵

水につけた状態で冷蔵保存。約1週間は保存可能。ただし2日に一度は水をかえる。根が少し黒ずんできたら、おいしく食べられる限度。シャキシャキ感は残るが、早めに調理を。

干 4日間 (冷蔵)

かさが減り、たくさん食べられる

洗って水けをふき、ざるに広げて2日ほど天日で干す。

凍 3週間

キッチンペーパーで包む

キッチンペーパーで包み、ポリ袋に入れて冷凍すると、きれいな状態のまま調理できる。水につけたり、常温で放置して解凍すると水っぽくなり、味わいが薄く、おいしさが半減。

● 食感はやわらかいが、味はしみ込む。
● もやしを冷凍するときにひげ根をとるとそこから栄養分が抜けてしまうので、そのまま冷凍。ひげ根の部分にはビタミンCや食物繊維が豊富に含まれている。

💧 解凍方法

冷凍室から出したらすぐに使用する。

品種

通年流通し、低価格を維持している。
その85%ほどは緑豆が原料。
工場生産のため、
天候などの影響を受けない。

豆もやし

豆ごと食べる、味に
コクがあるもやし。

ブラックマッペ

シャキシャキして豆
が甘い。主にタイや
ミャンマーから輸入。

緑豆もやし

「グリーンマッペ」
と呼ばれる緑豆を
発芽させたもの。つ
やのある白色で、甘
みがある。

アルファルファ

牧草の「ムラサキウ
マゴヤシ」の種から
発芽したもの。栄養
がたっぷり。

😋 レシピ「ナムル」

材料と作り方（作りやすい分量）
❶冷凍豆もやし1/2袋は熱湯でさっとゆで、水に
とって水けをしぼる。❷ボウルにごま油小さじ2、塩
小さじ1/3、すり白ごま大さじ1、おろしにんにく少々
を入れ、よくまぜる。❸①を加えてあえる。

😋 レシピ「ガーリック塩いため」

材料と作り方（作りやすい分量）
フライパンににんにくのみじん切り小さじ1とオリー
ブ油小さじ1を入れて熱し、香りが立ったら**冷凍も
やし**を加え、強火で1分いためて塩小さじ1/4、こ
しょう少々、好みでカレー粉を振る。

とうみょう

可食部
80%
根のみ
破棄

手ごろな価格で
栄養満点

えんどうを発芽させた若芽で、水耕栽培したものが通年出回ります。生のままでも食べられますが、さっと湯通しすることで独特の青くささがやわらぎます。β-カロテンやビタミンC・Kを豊富に含みます。油でいためることでかさが減って食べやすくなり、脂溶性ビタミンの吸収率も高まります。

栄養素（可食部100g あたり）
エネルギー		28kcal
たんぱく質		2.2g
脂質		0.4g
炭水化物		3.3g
無機質	カルシウム	34mg
	鉄	1.0mg
ビタミンA	β-カロテン当量	4100μg
	B₁	0.24mg
	B₂	0.27mg
	C	79mg

蔵 10日間　**常** 1週間

水分の蒸発を防いで保存

根元を切り落とし、ぬらしたキッチンペーパーで茎を包む。これを容器に入れ、冷蔵。もしくは水を張った容器につけて保存する。この方法だとペーパーも不要。もやしの冷蔵方法と同じ。
● とうみょうに含まれる栄養は油との相性がいいのでいため物に。

凍 3週間

汁けのある料理に使える

根から切り離し、5cm長さに切ったものをポリ袋に入れて冷凍。
● シャキシャキ感がなくなるので、汁物などに。
● いため物にするときには、卵とじにしたり、あんかけに。

💧 **解凍方法**
冷凍室から出したらすぐに使用する。

🍴 **レシピ**
「**とうみょうとツナの
サラダ**」
材料と作り方（作りやすい分量）
❶ ボウルに食べやすい大きさに切って冷凍した豆苗1/2パック分、ツナ缶（小）1缶、削り節2g、しょうゆ少々を入れ、まぜる。❷器に盛り、好みでラー油を回しかける。

切ったところから
もう一度育てて
収穫できる

とうみょうはパックからとり出し、保存容器などに水を張り、その中にスポンジごとつけ、日当たりのよい場所で育てる。使うときは根を残して切り、そのまま同じ場所においておけば、また生えてくるので、それを切って使う。

スプラウト

流通時期
1 2 3 4 5 6 7 8 9 10 11 12

常温	冷蔵	乾燥	冷凍
○	○	×	○

かいわれ
だいこん

可食部
90%
根のみ
破棄

ブロッコリー

ぬれたペーパーに包んで冷蔵

野菜の新芽を総称してスプラウトといい、成長に必要な栄養素をたくさん含んでいるのが特徴です。水溶性ビタミンが豊富なため、新鮮なものを生のまま食べることでより効率的に栄養を摂取できます。

栄養素（可食部100g あたり）
かいわれだいこん

エネルギー	21kcal
たんぱく質	1.8g
脂質	0.2g
炭水化物	1.9g
無機質　カルシウム	54mg
鉄	0.5mg
ビタミンA　β-カロテン当量	1900μg
B_1	0.08mg
B_2	0.13mg
C	47mg

蔵　5日間

水分を逃さずに

ぬれたキッチンペーパーに茎の部分を包み、保存容器に入れて冷蔵。もしくは、水を張った保存容器に入れ、冷蔵。

● 水につけると水溶性のビタミンはとけ出してしまうが、シャキシャキ感は残る。

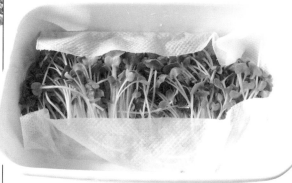

凍　3週間

凍ったまま食べてもシャキシャキ

根を切り落とし、ポリ袋に入れて冷凍。
● 冷凍しても栄養価は変わらない。
● 冷凍したものは、食感が悪くなる。

💧 解凍方法

冷凍室から出したらすぐに使用する。

🍳 レシピ
「スプラウトポテト」

材料と作り方（作りやすい分量）
❶皮をむき、食べやすい大きさに切ったじゃがいも1個をゆでてつぶし、マヨネーズ小さじ2、塩・こしょう各少々で調味する。
❷食べやすい大きさに切り冷凍したスプラウト適量をまぜる。

111

にんにく

可食部
95%
薄皮のみ
破棄

常備すると料理の幅が広がる

強壮作用を持つ香辛野菜で、もとは薬用植物として利用されていました。にんにくにも含まれるねぎ類特有の硫黄化合物は、ビタミン B_1 と結合することによって疲労回復効果が高まります。薬効が強いため、生のまま食べすぎるのは禁物です。

栄養素（可食部100g あたり）

エネルギー		129kcal
たんぱく質		4.0g
脂質		0.5g
炭水化物		7.3g
無機質	カルシウム	14mg
	鉄	0.8mg
ビタミンA	β-カロテン当量	2µg
	B_1	0.19mg
	B_2	0.07mg
	C	12mg

凍	1カ月	蔵	3週間	常	3週間

1かけずつに分けて保存

1かけずつ分け、皮はむかず、保存容器などに入れて常温保存。冷凍・冷蔵保存も同様。
- 冷凍は、少しやわらかくなるが、調理に使用するには問題ない。
- 刻んで冷凍していたにんにくも、油でいためると疲労回復効果がよりいっそうアップする。

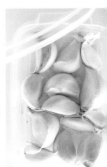

💧 解凍方法

冷凍のまま皮をむいてすぐ使用可能。冷凍室から出したらすぐに使用するほうが扱いやすい。しばらくおいておくと、水っぽくなって、香りが逃げる。

芽が出ても大丈夫？

にんにくの芽は毒ではないので、食べても問題ない。かたいので、刻んで食べるようにしたい。

漬	1〜2カ月（冷蔵）

👩‍🍳 レシピ「しょうゆ漬け」

材料と作り方（作りやすい分量）
❶にんにく1個は根を切り落として皮をむき、保存びんに入れる。❷にんにくがつかるくらいまでしょうゆを注ぎ入れる。※しょうゆは調味料として、にんにくは刻んで薬味として使える。冷蔵室で長期間保存も可能。

👩‍🍳 レシピ「オイル漬け」

材料と作り方（作りやすい分量）
基本のオイル床
> 油（オリーブ油など好みのもの）…1/2 カップ
> 塩…小さじ 1/4
> 粒黒こしょう…8 粒くらい

❶にんにく1個はみじん切りにする。❷保存びんに①を入れ、**基本のオイル床**の材料をまぜて注ぎ入れ、まぜる。冷蔵室で1日以上おく。

干	半年

薄切りにしてカリカリに乾燥させる

芯をとり、薄切りにして天日干し。乾燥後は素揚げにするとおいしい。

しょうが

流通時期

1 2 3 4 5 6 7 8 9 10 11 12

常温	冷蔵	乾燥	冷凍
○	○	◎	◎

可食部 **99**%

保存方法を上手に生かし常備

通年手に入る香味野菜で、7月〜8月には繊維がやわらかくみずみずしい新しょうがが出回ります。熱帯アジア原産ですが、日本でも古くから栽培され、利用されてきました。特有の辛みはジンゲロールという成分によるもので、加熱や乾燥によって血行促進作用を持つショウガオールに変化します。

栄養素（可食部100g あたり）

エネルギー		28kcal
たんぱく質		0.7g
脂質		0.2g
炭水化物		6.3g
無機質	カルシウム	12mg
	鉄	0.5mg
ビタミンA	β-カロテン当量	
		4μg
	B₁	0.03mg
	B₂	0.02mg
	C	2mg

凍	1カ月	蔵	2週間	常	5日間（まるごと）

キッチンペーパーに包んでポリ袋で

キッチンペーパーに包み、ポリ袋に入れ、冷凍・冷蔵保存。

● 冷凍も生も食感、味はほとんど変わりない。また、栄養価もキープ。
● 冷凍したものは生のものより、辛みが少なめ。

🔵 解凍方法

冷凍したしょうがは室温に30秒ほどおいておくと、包丁で簡単に切ることができるようになる。すりおろすのも簡単にでき、サクッと切りやすく、香りも強い。そのまま料理に使用する。

🔵 レシピ「砂糖漬け」

材料と作り方（作りやすい分量）
❶冷凍しょうが300gは室温に30秒〜1分おき、包丁で薄切りにする。❷なべに水4カップときび砂糖200gとともに入れて中火にかけ、煮汁が半量になるまで煮詰め、保存びんに入れる。

干	半年（冷蔵）

干すことで加温効果がアップ

薄切りにして、ざるに並べ、天日干しで2日間。しょうが湯、汁物、紅茶などに使える。

1日半干して乾燥させた状態。

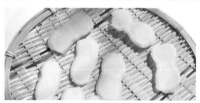

カビが生えたらどうすればいい？

白カビが部分的に発生している場合は、大きめに切り落とせば、残りの部分は使用可能。青カビ、黒カビ、ピンクのカビの場合は、体に悪い影響があるので、使用しないほうがいい。

皮はむいたほうがいいの？

皮の近くが最も香りが強くて、辛み成分も強いので、皮はむかずに使用する。その際、スプーンなどで汚れをそぎ落とす程度にする。

さつまいも

可食部
99%
ヘタのみ
破棄

冷凍すると
甘みが増す

やせた土地でもよく育つため、古くは凶作や飢饉の際の救済食として重宝された野菜です。エネルギー源となる糖類のほか、加熱しても壊れにくいビタミンCやβ-カロテン、カリウム、カルシウム、などを含みます。皮には抗酸化作用のあるポリフェノール類が含まれるため、きれいに洗って皮ごと食べるようにしましょう。低温障害を起こすため、そのままの冷蔵保存には向きません。

栄養素（可食部100gあたり）
エネルギー —————— 127kcal
たんぱく質 ————— 0.8g
脂質 ——————— 0.1g
炭水化物 —————— 33.8g
無機質　カルシウム — 40mg
　　　　鉄 ————— 0.5mg
ビタミンA β-カロテン当量
　　　　　　———— 40μg
　　　　B₁ ———— 0.10mg
　　　　B₂ ———— 0.02mg
　　　　C ————— 25mg

常 1カ月　**蔵** 3週間

野菜室で保存

キッチンペーパーに包み、ポリ袋に入れ、冷暗所で保存。または野菜室で保存。

レンジよりもコンロで加熱

電子レンジで加熱するよりも、蒸したり焼いたりするほうが甘みが倍増する。皮には抗酸化作用のあるポリフェノールがたっぷり含まれているので、まるごと食べよう。

凍 1カ月

軽くつぶして保存しても

1cm厚さの輪切りにし、やわらかくゆでたものをポリ袋に入れ、手で軽くつぶし、平らにして冷凍保存。おだんごにしたり、スープに入れたり、蒸しパンやくりきんとんなどいろいろな料理に簡単にアレンジできる。使いたい分だけ、折ってどうぞ。

● 冷凍したものは、甘みが増してほっこりした味に。
● まるごと冷凍もできるが、切って冷凍しておくと使いやすい。

💧 **解凍方法**
生のまままるごと冷凍したものは、そのまま焼いて。焼くときは、アルミホイルに包んでオーブンで焼く、または、そのまま蒸したりゆでたり。切ったものは天ぷらや煮物などに。

干 1週間

蒸したり
ゆでたりして
干す

蒸したりゆでたりしてやわらかくしたものを、1週間ほど干す。甘みが増して、そのまま食べられる。紅はるかや安納芋のようなねっとりした品種が合う。

品種

糖度の高い品種の人気が急上昇。
9月から翌年4月ごろまでがとり扱いが多い。
2～3カ月貯蔵することで、
熟成させ糖度を上げて出荷される。

紅あずま

関東地方の代表的品種。果肉は
あざやかな黄色。皮の色にムラが
なく、ふっくらとしたものを選ぶ。
粉質で甘みが強い。

安納芋

鹿児島県種子島安納地区の特
産。甘みが強く、焼いただけで
ねっとりとした食感でクリーミー。
オレンジ色の果肉にはβ-カロテ
ンが含まれている。果肉が紫色
の品種もある。今は全国で栽培。

鳴門金時

西日本を中心に作られている代
表的な品種。表皮は全体にムラ
のないあざやかな紅色。粘質があ
り、加熱すると上品な甘さがあ
る。焼きいもや大学いもなどに。

パープルスイートロード

従来の紫いもにくらべ、段違いに
味がよいと評判の品種。甘みも
たっぷり。焼いても、蒸してもおい
しい。あざやかな色を生かして、
スイートポテトがおすすめ。

黄金千貫（こがねせんがん）

焼酎の原料としても有名。表皮は
じゃがいもに似た色で、くぼみが
ある。果肉は白。さらりとした甘
みと、ねっとりとした食感が特徴。

漬 4～5日間

シロップ漬けで

1cm厚さの輪切りにし、やわらかくゆで、砂糖を同量の
水でとかしたものに漬けて冷蔵保存。

🍳 レシピ
「さつまいもと豚ヒレ肉の
バルサミコソースいため」

材料と作り方（4人分）

❶豚ヒレ肉300gは1cm幅に切り、包丁でたたき、塩・こ
しょう各少々を振る。❷まるごと冷凍したさつまいも
300gは、電子レンジで4分ほど解凍する（大きさにも
よる）。包丁で切れるやわらかさになったら、皮つきの
まま乱切りにし、水にさらしてから耐熱皿に並べてラッ
プをかけ、電子レンジで4～5分加熱する。❸フライパン
にオリーブ油適量を熱し、①を両面色よく焼く。❹②
とパセリ適量を加えてバルサミコソース（バルサミコ酢大
さじ3、しょうゆ・はちみつ各小さじ1を火にかけて煮
詰める）を加え、全体にからめるようにさっといためる。

くり

可食部
80%
鬼皮のみ
破棄

冷凍する
ことで甘みが3倍に

秋を代表する食材の一つで、旬は9月～10月の終わりごろと短め。可食部にはデンプンやビタミンB_1・C、カリウムなどが、渋皮には抗酸化力のあるタンニンが豊富に含まれています。生のくりは乾燥しやすいので、ポリ袋などに入れてから冷蔵室で保存を。

栄養素（可食部100g あたり）

エネルギー	—	147kcal
たんぱく質	—	2.4g
脂質	—	0.4g
炭水化物	—	37.7g
無機質　カルシウム	—	23mg
鉄	—	0.8mg
ビタミンA　β-カロテン当量	—	24μg
B_1	—	0.21mg
B_2	—	0.07mg
C	—	33mg

凍	3カ月	蔵	3日間	常	2日間

皮ごと保存

生で冷凍か、ゆでたら皮ごとポリ袋に入れ、冷蔵・冷凍保存。
- 冷凍したものは甘みがとても強い。
- 常温では長く保存できないが、冷凍すればおいしくなる。
- くりの栄養素は熱に強いので、冷凍からそのまま皮ごとゆでたり、蒸したりできる。

🔵 解凍方法

生で皮ごと冷凍した場合、そのまま熱湯に入れ、弱火で50分ほどゆでる。冷凍することで皮と渋皮の間にすき間ができやすくなるのでむきやすい。

🍴 レシピ「くりの渋皮煮」

材料と作り方（作りやすい分量）

❶なべにたっぷりの湯を沸かして火を止め、皮をむかずにポリ袋に入れた**冷凍ぐり** 500gを入れる。ぬるま湯程度になったら、くりをとり出し、皮をむき、水にさらす。❷なべにくりがかぶるくらいの水を入れ、重曹小さじ1を加えてまぜ、火にかける。沸騰したら弱火にし、20分ほどゆでる。❸②をざるに上げて水けをきり、流水でくりをやさしく洗う。❹②と③の工程を2回くり返す。❺くりは竹ぐしで筋をとり、渋皮は指で軽くこすり落とし、水にさらす。❻⑤の水けをきり、重さをはかり、重さの40%量のグラニュー糖を用意する。❼なべにくりとひたひたの水を入れて火にかけ、沸騰直前でグラニュー糖の1/3量を加えてとかし、残りのグラニュー糖を2回に分けて加える。ごく弱火で1時間ほどアクをとりながら煮て火を止め、そのまま冷ます。❽⑦をざるにとり、煮汁を強火にかけ、煮汁が2/3量になるまで煮詰める。くりを戻し入れ、沸騰直前で火を止め、熱いうちに保存びんに入れる。

たけのこ

流通時期

1 2 3 4 5 6 7 8 9 10 11 12	常温	冷蔵	乾燥	冷凍
	×	○	○	○

可食部
100%
水煮

冷凍保存は
1カ月で使いきる

土の中に埋まった竹の若芽を掘り起こしたもので、4月〜6月に収穫されます。うまみ成分のグルタミン酸やアスパラギン酸、高血圧予防効果が期待できるカリウムなどが豊富。えぐみのもととなるシュウ酸は、収穫してから時間がたつにつれてふえていくので、なるべく早く下ゆでなどの処理をする必要があります。

栄養素（可食部100g あたり）
エネルギー ——— 27kcal
たんぱく質 ——— 2.5g
脂質 ——————— 0.1g
炭水化物 ———— 4.2g
無機質　カルシウム — 16mg
　　　　鉄 ——————— 0.4mg
ビタミンA　β-カロテン当量
　　　　——————— 11μg
　　　　B$_1$ ——— 0.05mg
　　　　B$_2$ ——— 0.11mg
　　　　C ——————— 10mg

凍　1カ月

食べやすい大きさに切る

ゆでて食べやすい大きさに切り、ポリ袋に入れ、平らにし、冷凍保存。保存期間が1カ月以上たつと、中がスカスカになるので注意。

● 冷凍したものは、さっとゆでれば食べられる。食感は変わらず、含まれる栄養成分にもほとんど変化はない。

💧 解凍方法
冷凍室から出したらすぐに使用する。

🍴 レシピ
「たけのこと
春野菜のいため物」

材料と作り方（2人分）
❶冷凍たけのこ1/2 本分とパプリカ（赤・黄）各1/2 個は細切りにし、厚揚げ1/2枚は1.5cm幅に切る。❷フライパンにサラダ油適量を熱し、①を入れていためる。火が通ったら、オイスターソース大さじ3、ナンプラー小さじ2、砂糖大さじ1、おろしにんにく小さじ1で調味する。水どきかたくり粉適量を回し入れ、ひとまぜする。

蔵　1週間

全体が水に
つかるように

ゆでて、水を張った保存容器に入れ、冷蔵保存。

干　1週間（冷蔵）

ゆでたものを薄切りにして干す

干すことで水分が抜け、うまみがアップ。たけのこごはんに。

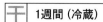

山菜

常温	冷蔵	乾燥	冷凍
△	○	○	○

たらのめ

流通時期　1 2 3 4 5 6 7 8 9 10 11 12

可食部
98%

蔵　3日間

生のまま保存容器で保存

生のまま、キッチンペーパーで包み、保存容器などに入れて冷蔵。

さっとゆで、水けをふき冷蔵

30秒ゆでて水けをふき、茶色のかたい部分をそぎ切りし、ポリ袋に入れ、冷蔵。

凍　1カ月

さっとゆで、水けをふき冷凍

30秒ゆでて水けをふき、茶色のかたい部分をそぎ切りし、ポリ袋に入れて冷凍か、10％の塩をまぶし、保存容器やポリ袋に入れて冷凍。

💧 解凍方法

冷凍室から出したらできるだけ早く使用する。

こごみ

流通時期　1 2 3 4 5 6 7 8 9 10 11 12

凍　1カ月　蔵　3日間

ゆでて水けをふいて保存

よく洗い、熱湯で1分ゆで、水けをふいて、保存容器やポリ袋に入れ、冷蔵・冷凍。

● すぐに冷凍保存することで香りもしっかり残る。

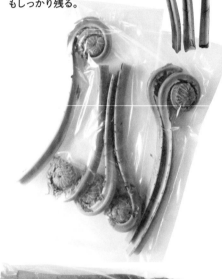

10％の塩をまぶして保存容器やポリ袋に入れ、冷蔵・冷凍。

💧 解凍方法

冷凍室から出したらできるだけ早く使用する。

第 2 章

果物

果物保存
の基本

　果物は、いちごやメロンのように「蔬菜（野菜）」に入るものと、かきやもものように木に実る「果樹」があります。

　その中には、熟してから収穫するものと、収穫したあとに「追熟」させるものがあります。冷蔵室で保存すると、追熟が遅くなり味がのらないこともありますが、常温では熟成が進みすぎて、早く傷むこともあります。

　果物の甘さは「ショ糖」「果糖」「ブドウ糖」によって生まれます。その中の「果糖」は、冷やすことでより甘く感じるようです。りんご、なし、ぶどうなどは果糖が多く、バナナやパイナップルなどはあまり含まれていません。

　果物のおいしさは、甘み、酸味や香りなどのバランスですから、そのおいしさを生かす保存法を心がけましょう。

　熱帯地域で栽培されたものは、低い温度で保存すると、風味を損なうといわれていますが、夏などは冷やして食べたいものです。そんなときには、食べる少し前に、数時間だけ冷蔵室で冷やすのがおすすめです。

常温　追熟させて食べる果物

フルーツの中には、未熟なものを収穫して、店頭に並ぶタイミングまでに追熟させるものが多くあります。熟したものは、販売期間も短くなり傷みやすいからです。

バナナやパイナップル、洋なしなどは追熟が必要です。冬場に流通するみかんも、最近は収穫後に一定期間追熟させ、糖度を上げてから出荷されます。

食べごろのタイミングを理解して、適温での管理がおいしく食べるポイントです。

冷蔵　エチレンガスを発生させる果物に注意！

いちごやさくらんぼ、ブルーベリーなど、身がやわらかく傷みやすいものは冷蔵室で保存します。また、エチレンガスの発生量が多いりんご、メロン、かき、ももなどを野菜室で保存する場合は、ほかの野菜の劣化を防ぐために、ポリ袋などに入れ、しっかりと密封するようにしましょう。逆に、追熟させたい果物がある場合は、りんごなどといっしょにポリ袋に入れておくと追熟が進みやすくなります。

ドライ　家庭でも簡単に作れるドライフルーツ

薄くスライスした果物を網やざるに重ならないように並べ、風通しのよい場所で完全に乾かせばでき上がり。果物の種類や水分量にもよりますが、だいたい2昼夜が目安です。乾燥する冬には室内でも干せます。でき上がったドライフルーツは密閉容器に入れて冷蔵室で保存し、1週間ほどで食べきるようにしましょう。

冷凍 冷凍フルーツは解凍しすぎに気をつけて

　熟した果物をすぐに食べない場合は冷凍保存がおすすめ。一度冷凍した果物は解凍しすぎると水分が出てべちゃべちゃになってしまうので、半解凍のシャーベット状で楽しんだり、煮物やソースなどの料理に凍ったまま入れて加熱するのがよいでしょう。

まるごとラップで包んで

キウイフルーツやもも、かきなど、皮の薄い果物の場合は、まるごと冷凍することができます。解凍するときは水につけて半解凍状態にすれば皮は手でむけます。

切り方

レモンやパイナップルなどは食べやすい大きさに切ってから冷凍すると便利です。繊維質の多いパイナップルは食感が変化しにくく、凍ったまま食べてもおいしい果物の一つです。

ジャムの基本

　ジャムは、旬にたくさんとれた果物を保存するための昔ながらの知恵。食べきれなかったり、たくさんいただいたりした果物のおいしさを長く楽しむために、ジャムに仕立てるのはいかがでしょうか。砂糖には食材の保存性を高める効果があるため、糖度が高いほうが長く保存できます。果物と砂糖の割合が2：1の場合の冷蔵室での保存期間は2週間、3：1の場合は冷蔵室で7～10日が目安です。

梅ジャム

材料（作りやすい分量）
完熟梅 … 300g
砂糖 … 100～150g（好みで調節する）
水 … 1/2カップ
作り方
❶竹ぐしなどでへたをとった梅はアク抜きをする。大きめのなべに梅とたっぷりの水を入れて火にかけ、沸騰直前で湯を捨てる。
❷もう一度ひたひたに水を入れ、弱火で20分加熱する。火を止めてあら熱がとれたら水ごとざるなどでこす。木べらなどを使い、はがすようにしながら実と種を分ける。
❸種を除いた②の梅の実をなべに入れ、分量の砂糖と水を加えて火にかける。沸騰したら弱火にし、まぜながら10～15分煮詰める。冷めたら保存容器に移し、冷蔵室で保存する。

いちごジャム

材料（作りやすい分量）
いちご（へたを除く）…400g
グラニュー糖…160g（いちごの果肉重量の40％量が目安）
レモン汁…大さじ1
作り方
❶よく洗って水けをふいたいちごをボウルに入れてグラニュー糖を全体にまぶし、3時間以上おいて水分を出す。ときどき、実をつぶさないように全体をやさしくまぜる。
❷①の実をざるに上げ、汁と分ける。
❸小なべに②の汁を入れて中火にかけ、粘りが出るまで煮詰める。
❹③に②の実とレモン汁を加え、アクをとりながら煮る。実がシロップを含んでふくらみ、全体がとろりとしたら完成。

りんご

可食部 99%
輪切りでロス減少

冷凍すれば簡単に皮がむける

秋から冬が旬のフルーツですが、長期保存しても風味が落ちにくいので、ほぼ一年じゅう出回ります。人類が食べた最古のフルーツとされ、「1日1個のりんごは医者を遠ざける」といわれるほど、栄養成分が豊富。余分な塩分を体外に排出する働きのあるカリウムを含むため、生活習慣病にも効果があると考えられています。

栄養素（可食部100g あたり）

エネルギー	―	56kcal
たんぱく質	―	0.1g
脂質	―	0.1g
炭水化物	―	15.3g
無機質　カルシウム	―	4mg
鉄	―	0.1mg
ビタミンA β-カロテン当量	―	22μg
B₁	―	0.02mg
B₂	―	0.01mg
C	―	6mg

凍 3カ月（まるごと）／1カ月（カット）

まるごと冷凍で余さず食べる

皮をむかずにまるごとラップで包み、ポリ袋に入れ、冷凍・冷蔵を。エチレンガスを出さないようにポリ袋に入れて、おしりを下にして保存するのが鉄則。食べてみると甘さが増して、シャキシャキとした食べごたえに。さらに芯まで食べられる。

● 皮には、抗酸化作用のあるポリフェノールがたっぷり含まれている。

解凍方法

ボウルに水を張り、30秒～1分つける。手でするりと皮がむける。

レシピ「りんご即席コンポート」

材料と作り方（作りやすい分量）
❶まるごと冷凍したりんご1個をポリ袋から出して水に30秒～1分ほどつけ、ところどころ皮を残して手でむく。それを12等分に切り、芯をとる。❷耐熱ボウルに①を入れ、グラニュー糖30g、レモン果汁・白ワイン各大さじ1、ローズマリー（ドライかフレッシュ）小さじ1/2を加え、全体をまぜる。平らにならし、密着させるようにラップをかけ、さらに耐熱ボウルの上にラップをふんわりかける。※少量の水分だけで電子レンジで加熱するので、蒸発しないようラップを二重にする。❸電子レンジで4分ほど加熱し、そのままあら熱をとる。りんごが少し透き通った感じになればOK。

常 1カ月

常温保存でも長もち

一つずつキッチンペーパーで包み、紙袋などに重ならないように入れて冷暗所で保存。

エチレンガスを上手に活用

エチレンガスが出るので、かたいキウイフルーツやかきなどと同じ袋に入れて保存すると追熟効果が。例外的にじゃがいもだけは、発芽を遅らせる効果があるので、袋などに一緒に入れるとよい。

品種

国内品種の収穫期は秋の短い期間だが、産地での保存方法が革新的に進歩し、春までおいしさを保持して出荷できるようになった。

紅玉

旬／10月中旬〜4月　産地／青森県

アメリカで生まれた品種。皮が濃紅色で、香りが高く、甘ずっぱいのが特徴。煮くずれしにくいので加熱調理に向く。リンゴ酸が豊富。

シナノドルチェ

旬／9月中旬〜10月上旬　産地／長野県

りんご本来のさわやかな酸味と甘みのバランスがとれ、果汁が多い。2005年登録の品種。旬は2週間と短く、流通はまだまだ少ない。

シナノゴールド

旬／11月〜6月　産地／青森県、長野県

「ゴールデンデリシャス」と「千秋」の交配種。果実はかため。香り豊かで果汁もたっぷり。生食はもちろん、お菓子にも適している。日もちもする。

つがる

旬／9月中旬〜10月中旬
産地／青森県、長野県

主な産地は青森県。ジューシーでまろやかな甘みが魅力。酸味が少なく、早生種の中では味がよい。シャキシャキとした食感もある。

ふじ

旬／通年　産地／青森県

国内生産1位の最も定番の品種。果汁が豊富で、甘みと酸味のバランスがとれている。シャキッとした歯ごたえもある。貯蔵性が高い。

世界一

旬／9月下旬〜10月下旬　産地／青森県

主な産地は青森県で、当初「世界一大きなりんご」と称されたことが名前の由来。大きなものは1kgを超える。ジューシーで糖度が高い。果肉はかため。

ジョナゴールド

旬／10月〜11月中旬　産地／青森県

「ゴールデンデリシャス」と「紅玉」のかけ合わせ。皮はピンクがかった紅色で、光沢がある。ジューシーで、ほどよい酸味があるのが特徴。

秋映（あきばえ）

旬／10月上旬〜中旬　産地／長野県

「千秋」と「つがる」の交配種。果汁がきわめて多い。香りが強く、濃厚な味わい。完熟したものは、皮が暗紅色になる。

未希（みき）ライフ

旬／8月下旬　産地／青森県

青森県が主な産地で、「つがる」と「千秋」の交配種。歯ざわりがよく、甘みと酸味のバランスがよい。さっぱりとさわやかな味わい。

シナノスイート

旬／10月　産地／長野県

長野県で育成された、「ふじ」と「つがる」の交配種。甘みが強く、ジューシーで酸味が少なめ。果肉はシャキシャキとしている。貯蔵性にすぐれている。

サンふじ

旬／11月中旬〜4月　産地／青森県

「ふじ」を袋をかけずに栽培したもの。日光を直接浴びているので、「ふじ」より甘みが強く、色も濃い。表皮はややまだら。

王林

旬／11月〜6月　産地／青森県

黄色系品種の代表格。なしにも近い食感。酸味が少なめで、糖度が高い。皮が薄く、丸かじりもできる。貯蔵性にすぐれている。

なし

可食部
99%
輪切りで
ロス減少

冷凍で甘みアップ

8月～11月が旬で、皮が褐色のものを赤なし、黄緑色のものを青なしと呼んで大別します。独特のざらざらとした食感のもとになるのは、石細胞（せきさいぼう）と呼ばれる食物繊維のかたまり。腸内で便の体積をふやし、排便を促す効果があります。アスパラガスなどにも含まれる疲労回復効果のあるアミノ酸、アスパラギン酸も含みます。

栄養素（可食部100g あたり）
エネルギー	38kcal
たんぱく質	0.2g
脂質	0.1g
炭水化物	10.7g
無機質　カルシウム	2mg
ビタミンB$_1$	0.02mg
C	3mg

常温	2週間	蔵	1カ月
凍	2カ月（まるごと）／1カ月（カット）		

シャーベットやジュースにぴったり

傷がつかないように、買ったときにくるまれているスポンジのクッションや、キッチンペーパーに一つずつ包み、ポリ袋に入れ、冷凍・冷蔵。またはラップで包み、ポリ袋に入れ、冷凍・冷蔵。

● 解凍すると水分が出てくるので、半解凍でシャーベットやジュースなどに。

💧 解凍方法

ボウルに張った水に30秒～1分つけると、手で皮がするり。包丁などで切るよりもロスが少ない。そのまま常温におくと、ブヨブヨになり、おいしくなくなるので、早めに食べる。

漬	2～3日間

🍴 レシピ「なしのピクルス」

材料と作り方（作りやすい分量）
❶冷凍なし1個は解凍せず、皮をむき、1cm厚さのくし形に切る。
❷保存容器に白ワインビネガー大さじ2、塩少々、あればピンクペッパー適量を入れてまぜ、①をつける。なしがとけてきたら、食べごろ。

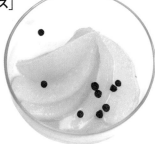

洋なし

可食部
95%
芯のみ
破棄

蔵	1カ月	常	2週間
凍	2カ月（まるごと）／1カ月（カット）		

食べるときは冷蔵室から出して追熟を

旬は9月〜12月。日本のなしにくらべて、下ぶくれでゴツゴツとした形が特徴で、ラ・フランス、ル・レクチェなどの品種が出回ります。食感はなめらかで、とろけるような濃厚な甘みを持ちます。クエン酸やリンゴ酸などの有機酸やたんぱく質分解酵素を含みます。

栄養素（可食部100g あたり）

エネルギー	48kcal
たんぱく質	0.2g
脂質	0.1g
炭水化物	14.0g
無機質　カルシウム	5mg
鉄	0.1mg
ビタミンB$_1$	0.02mg
B$_2$	0.01mg
C	3mg

傷がつかないようにやさしく扱う

皮をむかず、まるごとラップまたはキッチンペーパーに包み、ポリ袋に入れ、冷蔵・冷凍。どちらでも状態は変わらない。
● 冷凍すると甘みが増す。

💧 解凍方法

水に1分ほどつけると半解凍でき、皮は手で簡単にむける。半解凍の状態でとてもおいしく食べられる。皮をむかずにそのまま室温におくとブヨブヨになってまずくなるので、すぐに食べることがたいせつ。

🍴 レシピ「洋なしの赤ワイン煮」

材料と作り方（作りやすい分量）
❶まるごと冷凍したラ・フランス2個は水に1分ほどつけて皮をむく。それを4等分に切り、芯をとる。❷小なべにグラニュー糖100g、水・赤ワイン各1カップを入れて火にかけ、グラニュー糖がとけたら火を止め、①を並べ入れる。❸レモンの輪切り2枚を半分に切ったもの、シナモンスティック1本、クローブ4粒を加え、落としぶたをして中火にかけ、沸騰したら弱火で15〜20分煮詰める。火を止め、そのまま冷ます。※ほかの洋なしでもOK。完熟のものは煮くずれする場合があるので、ややかためのものを使って。

かき

可食部
98%
皮と葉と種
は破棄

蔵凍	1カ月	常	3日間
	2カ月（まるごと）／1カ月（カット）		

皮もへたもとらずに まるごと冷凍

9月～12月に出回ります。日本原産のフルーツで、「かきが赤くなると医者が青くなる」といわれるほど、栄養成分に富んでいます。ビタミンCの含有量はみかん以上で、抗酸化作用の高いβ-カロテンも豊富です。渋み成分のタンニンにはアルコール分解作用があり、二日酔いに効果があるといわれています。

栄養素（可食部100g あたり）

エネルギー		63kcal
たんぱく質		0.3g
脂質		0.1g
炭水化物		14.9g
無機質	カルシウム	9mg
	鉄	0.2mg
ビタミンA	β-カロテン当量	
		160µg
	B_1	0.03mg
	B_2	0.02mg
	C	70mg

まるごと冷凍で鮮度キープ

皮をむかず、まるごとラップまたはキッチンペーパーで包み、ポリ袋に入れ、冷蔵・冷凍。カットする場合は皮をむかず、ラップで包む。

💧 解凍方法

水に30秒～1分つけて解凍すると、手で皮がするっと簡単にむける。甘みがグンとアップし、ジューシーな味わいに。

🍴 レシピ「かきのスムージー」

材料と作り方（作りやすい分量）
❶冷凍かき1個は解凍せず、皮をむき、種をとる。❷牛乳150㎖とともにブレンダーでかくはんする。

干しがきも冷凍で長期保存

渋がきで干しがきを作ると、ビタミンCは減るが、β-カロテン、カリウム、食物繊維が増加する。干しがきは一つずつラップで包み、ポリ袋に入れて冷凍保存。

品種

9月～11月に品種ごとに収穫されるが、保存期間が長くないので
市場に出回る量は限られている。

富有 甘

旬／10月下旬～11月下旬
産地／奈良県、岐阜県

岐阜県原産で、晩生種の代表的な甘がき。完全甘がきの生産量の半分以上を占める。なめらかで甘みが強い。

筆柿 甘

旬／9月下旬～10月下旬
産地／愛知県

名前は、果形が筆の先のような形をしていることに由来。愛知県で多く生産。コクのある味わいでやさしい甘みがある。

次郎 甘

旬／10月下旬
産地／愛媛県、静岡県

静岡県原産。江戸時代から栽培される晩生種の甘がき。四角張った形で、果肉はややかためで歯ごたえがある。

ひらたねなし
平核無 渋

旬／10月中旬～11月上旬　産地／山形県

地方ごとの呼び名やブランド名がある渋がき。種がなく、果汁が豊富でまろやかな甘さがある。生食のほか、干しがき用としても人気。

西条 渋

旬／10月上旬～11月上旬
産地／島根県、岡山県

広島県原産の渋がき。形は細長く、4つの溝がある。渋抜きすると上品な甘さになる。干しがきとしても美味。

もも

可食部
80%
種のみ破棄

冷凍すると皮が するりとむけて便利

弥生時代に日本に渡来したといわれる中国原産のフルーツで、夏から初秋にかけて旬を迎えます。白鳳、白桃、黄桃などの品種があり、水溶性食物繊維のペクチンを豊富に含んでいます。皮の付近にはポリフェノールのカテキンが含まれるため、皮はなるべく薄めにむくのがおすすめ。

栄養素（可食部100g あたり）
エネルギー	38kcal
たんぱく質	0.4g
脂質	0.1g
炭水化物	10.0g
無機質　カルシウム	4mg
鉄	0.1mg
ビタミンA β-カロテン当量	0μg
B₁	0.01mg
B₂	0.01mg
C	8mg

（ビタミンA β-カロテン当量 $0\mu g$、B_1 0.01mg、B_2 0.01mg、C 8mg）

凍 2カ月（まるごと）／1カ月（カット）

傷つきやすいのでやさしく扱う

ラップで包み、保存用のスポンジに包むか、すき間ができないように1枚のラップで包み、ポリ袋に入れて保存。

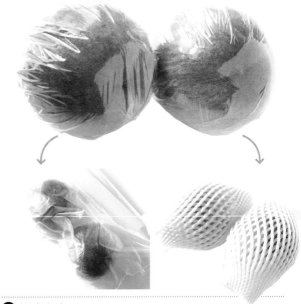

💧 解凍方法

常温に約30秒おくと、手で簡単に皮がむける。半解凍で食べるのがおすすめ。

常 2日間

冷やしすぎないで

ももは冷やすと味が落ちるため、冷蔵保存は向かない。まだ熟しきっていないももを冷蔵室に入れると甘みが出ないので、常温で追熟させる。

品種

高級な果物として施設栽培も盛ん。
食べごろよりも早いタイミングで収穫され流通するので、果肉の熟度を確認して食べたい。

白鳳（はくほう）

旬／5月中旬〜7月下旬
産地／山梨県、和歌山県
数ある品種の中でも人気が高い。果肉は白くやわらか。酸味が少なめで、豊かな甘さを持つ。

黄金桃

旬／8月下旬〜9月中旬
産地／長野県
「川中島白桃」から偶然、誕生した品種。果皮、果肉ともに黄色。白桃とは異なり、まったりとした甘みとトロッとした食感がある。

清水白桃

旬／7月下旬〜8月中旬
産地／岡山県
果皮も果肉も美しい白色。果肉がきめこまかく、多汁で甘みもたっぷり。日もちしないので、早めに食べるのがおすすめ。

ネクタリン

旬／8月中旬〜下旬
産地／長野県
ももの変種で、果皮は真っ赤で、うぶ毛がなくつやや
か。果肉はももよりかたく、甘ずっぱいものが多い。

蟠桃（ばんとう）

旬／8月中旬〜下旬
産地／福島県
『西遊記』にも登場する中国原産の品種。いびつな形が特徴。濃厚な味わいで、甘くねっとりとしている。

😀レシピ「黄金もものコンポート」

材料と作り方（作りやすい分量）
❶冷凍もも2個は常温に30秒ほどおき、皮をむく。❷種をとり、果肉はくし形に切ってレモン汁大さじ1をまぶす。❸小なべにグラニュー糖100gと水2カップを入れて火にかけ、グラニュー糖がとけたら、②のももを並べ入れ、落としぶたをしてごく弱火で10分ほど煮る。火を止め、そのまま冷ます。

😀レシピ「もものシャーベット」

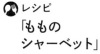

材料と作り方（1個分）
❶冷凍もも1個をさっと水にさらし、皮を手でむく。❷種を包丁などでとり除く。❸ブレンダーやフォーク、泡立て器でつぶす。※再冷凍する場合は、レモン汁を数滴まぜるとよい。

ぶどう

可食部
100%
枝は除く

蔵	10日間	常	2日間	凍	2カ月（まるごと）

軸をとらずに冷凍・冷蔵が鉄則

8月〜10月が旬で、その時期には多くの品種が出回ります。抗酸化作用のあるポリフェノールを豊富に含むのは、皮の色が黒や赤の品種。皮の表面にある白い粉状のものは「ブルーム」といって、実を保護するためにぶどう自身が作り出した物質なので、食べても問題ありません。

栄養素（可食部100g あたり）

エネルギー	——	69kcal
たんぱく質	——	0.4g
脂質	——	Tr
炭水化物	——	17.9g
無機質 カルシウム	——	8mg
鉄	——	0.2mg
ビタミンA β-カロテン当量	——	39μg
B₁	——	0.05mg
B₂	——	0.01mg
C	——	3mg

軸を残すことで鮮度をキープ

軸を残して冷凍・冷蔵可能。繊細な果物なので、傷がつかないようにキッチンペーパーを敷いた容器にぶどうをのせ、ラップをかけて冷蔵。冷凍保存のほうはラップをぴっちりかぶせてさらに保存容器のふたをし、外気を遮断したうえで冷凍。

🔵 解凍方法

水につけず、30秒ほど常温におくと、手で皮が簡単にむける。甘みが増し、ジューシー。色もきれいなまま。

皮には栄養が豊富

皮には抗酸化作用のあるポリフェノールが含まれ、老化を防ぎ、視力回復などの効果が期待できる。皮ごと食べられる品種もおすすめ。

品種

品種も多く、流通期も長い。
近年は南半球からの輸入品もふえ、通年流通している。

ピオーネ

旬／8月上旬〜11月下旬
産地／岡山県

黒皮の大粒品種で、甘み
が強い。食味のよさや食
べごたえ、手ごろ感から
近年、人気が高い。

デラウェア

旬／5月上旬〜9月中旬
産地／山形県、山梨県

古くから日本で親しまれ
ている、種なしの小粒品
種。糖度が高く、酸味が
少ないので食べやすい。

藤稔（ふじみのり）

旬／8月中旬〜9月中旬
産地／山梨県

大きいもので500円玉サ
イズの大粒になる。果肉
はやわらかく多汁で、糖
度が高い。皮離れがよく
食べやすい。

巨峰

旬／4月上旬〜12月下旬
産地／長野県、山梨県

ぶどうの王様と呼ばれ、
国内生産量1位の黒皮
種。甘みも果汁もたっぷ
り。近年は、種なしも多く
出回っている。

シャインマスカット

旬／7月上旬〜9月下旬
産地／長野県、山梨県

マスカット系の中でも特に甘
く、種がない。果皮は薄く、皮
ごと食べることができる。近
年、流通量がふえつつある。

マニキュアフィンガー

旬／8月下旬〜9月下旬
産地／山梨県

さわやかな甘さで、適度な酸
味が特徴。パリパリとした食
感がある。皮がやわらかく、ま
るごと食べられる。

🍴レシピ「巨峰ジャム」

材料と作り方（作りやすい分量）

❶冷凍巨峰（正味400g）は軸をとって包丁で
4等分に切り、種があればとる。❷厚手のなべ
に①を入れて火にかけ、沸騰したら中火にし、
アクをとり、ときどきまぜながら10〜15分煮る。
❸皮がやわらかくなったら、グラニュー糖
100g、レモン汁大さじ1を加え、さらに5分ほ
ど煮る。❹グラニュー糖50gを加えて5分ほど
煮詰め、火を止める。

いちじく

可食部
100%

日もちしないので
すぐに冷凍を

旬は8月～11月。プチプチとした種の食感と淡い甘みが特徴で、皮ごと食べることができます。水溶性食物繊維のペクチンを豊富に含むので、便秘解消や生活習慣病の予防に効果が期待できます。切り口に出てくる白い汁はフィシンというたんぱく質分解酵素。さわると刺激を感じる場合があるので、皮膚についたら洗い流しましょう。

栄養素（可食部100g あたり）

エネルギー		57kcal
たんぱく質		0.4g
脂質		0.1g
炭水化物		12.9g
無機質	カルシウム	26mg
	鉄	0.3mg
ビタミンA	β-カロテン当量	
		15μg
	B₁	0.03mg
	B₂	0.03mg
	C	2mg

凍 1カ月（まるごと）

傷がつきやすいのでやさしく扱う

冷凍の場合はラップかキッチンペーパーで包み、ポリ袋に入れて冷凍。

💧 解凍方法

冷凍室から出してとけ始める前にすぐに皮をむくのがコツ。皮をむいてもまだ凍った状態だと、甘みはあまり感じられない。1分ほどおくと、とけ始めて、やわらかくなり、甘みが戻ってくるので食べごろ。ジャムにするなら、皮もいっしょに入れるとピンク色になる。皮をむかずにそのまま室温におくと、中の水分が外に出てきて、実がブヨブヨになって味が落ちる。

🍴 レシピ「いちじくコンポート」

材料と作り方（作りやすい分量）

❶冷凍いちじく5個は冷凍室から出してすぐ、へたを残し、皮をむく。皮はとっておく。❷小なべに①のいちじくの皮と白ワイン3/4カップ、水1カップ、グラニュー糖150gを入れて火にかけ、グラニュー糖がとけ、皮の色が煮汁に移ったら火を止め、ざるに上げてこす。煮汁はとっておく。❸②のなべにいちじくの果肉、レモンの輪切り2枚、レモン汁大さじ1を入れ、②の煮汁を戻し入れ、落としぶたをして中火にかける。煮立ったら弱火にし、10分ほど煮詰め、火を止めてそのまま冷ます。

蔵 5日間　**常** 2日間

冷蔵が甘みを感じる
いちばんの保存方法

キッチンペーパーで包み、ポリ袋に入れて冷蔵。約1週間は新鮮なまま保存できる。皮は手でむける。甘みが強い。

品種

どの品種も流通時期が短く、表面がやわらかく傷みやすいので、
保存には工夫が必要。

桝井ドーフィン
ますい

旬／4月上旬〜10月

産地／愛知県

国内では最もシェアの高
い代表品種。ほどよい甘
さとさっぱりとした風味
がある。日もちがする。

とよみつひめ

旬／7月下旬
　　〜11月下旬

産地／福岡県

2006年に品種登録され
た福岡県限定のブランド
品種。肉厚でとろりとした
食感がある。甘みも強い。

バナーネ

旬／8月下旬
　　〜10月上旬

皮が淡い緑色で、サイズ
は「桝井ドーフィン」より
もひと回り大きい。肉質
はねっとりとして、酸味
がある。調理用に向く。

カドタ

旬／7月中旬
　　〜8月中旬

小ぶりの一口サイズで、甘
みが強い。家庭栽培用と
しての流通も多い。加工
品として利用される。

ビオレソリエス

旬／8月上旬
　　〜11月上旬

産地／佐賀県、新潟県

フランス原産で、フラン
スやトルコでは主流。や
や小ぶりで濃い紫色の
果皮が特徴。果肉がや
わらかく甘みが強い。

蓬莱柿
ほうらいし

旬／8月中旬
　　〜10月下旬

産地／広島県

古くから栽培され、早生
日本種とも呼ばれている。
西日本が主な産地。上品
な甘みとほどよい酸味が
ある。日もちがしない。

ザ・キング

旬／9月中旬

あざやかな緑色の果皮
が特徴。果肉がやわらか
く、なめらかな食感があ
る。夏場に流通する。

キウイフルーツ

可食部
95%
皮のみ破棄

冷凍すると
簡単に皮がむける

輸入ものが通年出回りますが、近年は国内でも盛んに栽培されています。抗酸化作用の高いビタミンC・Eの含有量がともに多く、相乗効果で肌あれ改善や感染症予防、生活習慣病予防の効果が期待できます。

栄養素(可食部100g あたり)
緑肉種

エネルギー	―	51kcal
たんぱく質	―	0.8g
脂質	―	0.2g
炭水化物	―	12.2g
無機質	カルシウム ―	26mg
	鉄 ―	0.3mg
ビタミンA	β-カロテン当量	53μg
	B_1 ―	0.01mg
	B_2 ―	0.02mg
	C ―	71mg

栄養素(可食部100g あたり)
黄肉種

エネルギー	―	63kcal
たんぱく質	―	1.1g
脂質	―	0.2g
炭水化物	―	13.3g
無機質	カルシウム ―	17mg
	鉄 ―	0.2mg
ビタミンA	β-カロテン当量	38μg
	B_1 ―	0.02mg
	B_2 ―	0.02mg
	C ―	140mg

凍	1カ月（まるごと）	**蔵**	1～2週間	**常**	2日間

まるごと冷凍で水分を逃さない

皮をむかずにまるごと冷凍・冷蔵可能。ラップで包み、ポリ袋に入れて冷凍。

💧 解凍方法

冷凍したキウイフルーツは 30 秒ほど水につけておくと簡単に手で皮がむける。切ると、まだ実は冷凍のまま。甘みも強い。皮をむいて輪切りにすると、そのままおいしく食べられる。室温に長くおきすぎると、果汁がしみ出してブヨブヨになり味が落ちるので要注意。

🍳 レシピ「キウイフルーツジャム」

材料と作り方（作りやすい分量）
❶まるごと冷凍したキウイフルーツ（正味 400g）は水に約 30 秒つけて手で皮をむき、5mm角に切る。❷厚手のなべに①とグラニュー糖 80g を入れ、火にかける。沸騰したら、中火にし、アクをとりながら、約 15 分煮る。❸グラニュー糖 80g、レモン汁大さじ1を加え、まぜながら火にかけ、5 ～ 10 分煮詰め、火を止める。

干 5〜7日間

干すと甘みも濃縮

皮をむき5mm厚さほどの輪切りにし、ざるにキッチンペーパーを広げ、その上に重ならないように並べ、一日一度は上下を返して水分が完全に抜けるまで干す。電子レンジで2分、返して2分加熱しても可能。

キウイフルーツでお肉がやわらか

キウイフルーツには、たんぱく質分解酵素が豊富。調理前の肉に果汁や果肉をつけておくと、やわらかくなる。さらに消化も助ける。

品種

通年流通する輸入ものが主体だが、国産ものもふえつつある。
収穫した後に追熟して食べごろになるので、保存のタイミングは食べ方によって考えたい。

ヘイワード

旬／通年（輸入）、
12月上旬〜4月中旬（国産）
産地／ニュージーランド、愛媛県、福岡県
世界で最も多く栽培されている品種。甘みと酸味のバランスがとれている。独特の食感で、食べやすい。

香緑（こうりょく）

旬／11月中旬〜3月下旬
産地／香川県
香川県で「ヘイワード」から選抜育成された品種。形が細長く、果肉が濃い緑色。大きいものでは150g程度にもなる。

ベビーキウイ

旬／2月〜3月（チリ産）、
9月〜10月（アメリカ産）
産地／アメリカ、チリ
長さ2〜3cmの小さな品種。皮にうぶ毛がなく、皮ごと食べられる。もとは日本の「サルナシ」の仲間で、日本から持ち出され逆輸入された。

レインボーレッド

旬／10月中旬〜12月上旬
産地／福岡県
極早生種。サイズはやや小ぶりながら、酸味が少なく、糖度が高い。果肉の中央に赤い色素のグラデーションが入る。

ゴールデンキウイ

旬／通年（輸入）、10月下旬〜12月（国産）
産地／ニュージーランド、愛媛県、佐賀県
おしりの形が特徴的で、果肉はあざやかな黄色。糖度が高く、日本人の味覚に合う。国内では愛媛県、佐賀県で栽培。

パイナップル

凍蔵	1カ月（カット）	常	10日間（まるごと）
	10日間（まるごと）／5日間（カット）		

可食部
80%
葉と皮は
破棄

ゴールデン
パイン

まるごと保存は
上下逆さにすると
全体に甘みが

亜熱帯地方で広く栽培されるフルーツで、日本では沖縄を中心に栽培されています。たんぱく質分解酵素を含み、消化促進作用があるといわれています。食べたときに口の中がピリピリするのは、この酵素の働きによるものです。疲労回復効果のあるビタミン B_1・B_6・C、クエン酸も含みます。

栄養素（可食部100g あたり）

エネルギー	——	54kcal
たんぱく質	——	0.4g
脂質	——	0.1g
炭水化物	——	13.8g
無機質　カルシウム	—	11mg
鉄	——	0.2mg
ビタミンA　β-カロテン当量		
	——	37μg
B_1	——	0.09mg
B_2	——	0.02mg
C	——	35mg

切って冷凍すればすぐに食べられる

食べやすく切ってポリ袋に入れて冷凍。冷凍室から出してすぐにそのまま食べることができる。

ポークソテーがジューシーに！

ポークソテーを作るときに、パイナップル1切れと豚肉1枚をポリ袋に入れ、20分つけ込む（20分以上つけると、酵素の働きで、豚肉がくずれやすくなるので注意）。

皮を煮出してパイナップルティーに

パイナップルの皮を煮出すと、甘くてパイナップルの香りのするお茶に。炭酸で割って飲んでも。

品種

通年流通する輸入ものが主体だが、
沖縄地方の国産ものもある。
収穫した後に追熟して食べごろになるので、
保存のタイミングは食べ方によって考えたい。

ボゴールパイン
（スナックパイン）

旬／5月〜7月
産地／沖縄県
通常のものより、酸味が少なく、食べやすい。スナックパインとも呼ばれるように、皮ごとちぎってスナック菓子のように食べられる。

ゴールデンパイン

旬／通年（輸入）
産地／フィリピン
酸味のある甘さが人気のトロピカルフルーツ。「ゴールデンパイン」はデルモンテ社が開発した品種で甘みも香りも強いのが特徴。生食のほか、ジュースやお菓子などに加工される。

ピーチパイン（ソフトタッチ）

旬／5月中旬　産地／沖縄県
果肉が白っぽく、もものような香りがある。マイルドな酸味で、甘みが強い。皮が赤みを帯びたら食べごろ。

🍴レシピ「パイナップルジャム」

材料と作り方（1個分）
❶切って冷凍したパイナップル（正味400g）は解凍せず、そのままフードプロセッサーに入れ、ピュレ状になるまでかくはんする。❷厚手のなべに①とグラニュー糖80gを入れ、弱火にかける。沸騰したら中火にし、アクをとりながら、10分ほど煮る。❸グラニュー糖80gとレモン汁大さじ1を加え、とろみがつくまで10分ほど煮詰め、火を止める。

🍴レシピ 「バーベキューグリルチキン」

材料と作り方（1個分）
❶ピーマン1個は輪切りにする。鶏むね肉1枚はざく切りにする。❷アルミホイルに①と切って冷凍したパイナップル2切れを解凍せずにそのままのせ、バーベキューソース（市販品）1/4カップを回しかけ、アルミホイルの上を閉じ、鶏肉に火が通るまでグリルで20分ほど焼く。

すいか

可食部
90%
皮も種も利用

皮には、
血管を若返らせる
シトルリンがたっぷり

90％以上が水分で、夏場の水分補給にも一役買ってくれるフルーツです。赤い果肉の品種には、トマトにも含まれるリコピン、黄色い果肉の品種には、β-カロテンが含まれ、どちらも抗酸化作用があります。皮や種にも健康に役立つ成分が含まれ、どちらも食用可能なので、無駄なく活用しましょう。

栄養素（可食部100gあたり）
エネルギー		41kcal
たんぱく質		0.3g
脂質		0.1g
炭水化物		0.3g
無機質	カルシウム	4mg
	鉄	0.2mg
ビタミンA	β-カロテン当量	830μg
	B₁	0.03mg
	B₂	0.02mg
	C	10mg

凍蔵	1カ月（カット）	常	10日間（まるごと）
	10日間（まるごと）／5日間（カット）		

ぴっちりラップで水分をキープ

まるごと保存は野菜室の中で場所をとるので4等分に切り、ラップでしっかり包んで冷凍・冷蔵保存する。

💧 解凍方法

常温に1分ほどおくと、包丁でサクッと切れるので食べやすい大きさに切る。こまかく切って冷凍すると、果汁が出てしまう。食べるときに切るのがおすすめ。シャキシャキとした食感と十分な甘みが味わえる。

皮や種を活用する方法

皮は、浅漬け以外に、ぬか漬けやみそ漬けにしたり、いため物の材料として使用可能。種は、1〜2日天日干しして食べたり、塩で下味をつけたものをいって食べる。

漬	4〜5日間

👤 レシピ
「皮のみそ漬け」

材料と作り方
（作りやすい分量）
❶すいかの皮200gは緑の表皮を切り落とし、食べやすい大きさに切る。❷ボウルに入れ、少し多めに塩（少ししょっぱいくらい）を振り、ラップをしてひと晩おく。水けをしぼり（しょっぱい場合、流水で軽く洗う）みそ小さじ1であえ、冷蔵室で冷やす。

夏の果物だが、施設栽培で出荷時期を早めたものがふえている。

ペイズリー

旬／8月上旬
ラグビーボール形の品種。香りがよく糖度が高い。野菜室にまるごと入る。

ダイナマイトすいか

旬／7月中旬〜8月下旬
産地／北海道
北海道月形町で栽培。ヨーロッパ原産の黒皮種と日本の縞皮種を交配した品種。さわやかな甘みとシャリシャリとした食感が持ち味。

黒美人

旬／7月〜8月
楕円形の小玉すいか。皮の色がとても濃く、黒っぽく見える。果肉はシャリシャリとした食感がある。

黄小玉

旬／4月〜7月
黄色い果肉の小玉すいか。甘さが控えめで、みずみずしい味わい。繊維が少ないので食べやすい。

夏花火 (ゴールド小町)

旬／6月上旬〜中旬
千葉県富里町で生産される希少な品種。皮が黄色く、果肉が赤いのが特徴。きめこまかい果肉で、甘みが強い。

紅小玉

旬／3月〜7月
小さいサイズだが、皮が薄く可食部分が多い。野菜室にまるごと入り、しっかり冷やして食べることができる。

漬　4〜5日間

レシピ「皮の浅漬け」

材料と作り方 (作りやすい分量)
❶すいかの皮 200g は緑の表皮を切り落とし、食べやすい大きさに切る。❷ボウルや保存容器などに入れて塩小さじ1を全体にまぶし、冷蔵室で半日以上保存。❸水分が出てきたら食べころ。

ブルーベリー

流通時期

1 2 3 4 5 6 7 8 9 10 11 12

常温	冷蔵	乾燥	冷凍
○	◎	○	◎

可食部 **100**%

冷凍は、そのままでおいしい

6月〜9月が旬で、日本では1980年代後半から、目にいいフルーツとして親しまれるようになりました。視力低下や眼精疲労に効果があるといわれるのは、ポリフェノールの一種であるアントシアニン。脂溶性のビタミンEも含むため、ヨーグルトなどの乳製品といっしょにとると吸収率が高まります。

栄養素（可食部100g あたり）

エネルギー	48kcal
たんぱく質	0.3g
脂質	0.1g
炭水化物	11.9g
無機質　カルシウム	8mg
鉄	0.2mg
ビタミンA β-カロテン当量	55μg
B₁	0.03mg
B₂	0.03mg
C	9mg

凍　1カ月

冷凍は活用法いろいろ

キッチンペーパーで包み、ポリ袋に入れて冷凍。
- 生も冷凍も栄養価は変わらない。
- アイスやヨーグルトにのせたり、スムージーにするなど、いろいろな楽しみ方がある。

💧 解凍方法

冷凍したものは、凍ったままおいしく食べることができる。

🍳 レシピ 「ブルーベリージャム」

材料と作り方（作りやすい分量）
❶冷凍ブルーベリー300g は小なべに入れ、グラニュー糖70g を加えて弱火にかける。水分が出てきたら中火にし、10分ほど煮る。❷グラニュー糖70g とレモン汁大さじ1を加え、とろみがつくまで10〜15分煮詰め、火を止める。

蔵　10日間　　常　4日間

ペーパーで包むひと手間が大事

パック入りのブルーベリーを買った場合は、ブルーベリーをキッチンペーパーで包み、そのパックに戻し、冷蔵保存。

驚きの抗酸化力

ブルーベリーの抗酸化力は、りんごやバナナにくらべ5倍以上。皮をむく必要もなく、簡単に食べられる。ベリーにはいろいろな種類があるが、どれも栄養価はそれほど変わらない。

その他のベリー類の品種

通年流通する輸入ものが主体だが、国産もふえつつある。
保存は食べ方によって工夫したい。

ラズベリー

旬／6月中旬
　〜9月（国産）、
　　4月〜9月（輸入）
産地／アメリカ、
　　　ニュージーランド

ラズベリーケトンという香り成分が含まれ、香りが高い。生食もできるが、甘みが少ないのでジャムやソースなどに加工。

ブラックベリー

旬／7月
　〜8月（輸入）
産地／アメリカ

甘ずっぱさが魅力で、欧米では人気の夏のフルーツ。赤みの残っているものは未熟で、熟すと黒くなる。アントシアニンが豊富。

クランベリー

旬／9月中旬
　〜11月上旬（輸入）
産地／アメリカ、カナダ

赤く熟したものが食べごろ。酸味が強く、生食には不向き。ジャムやソースとして親しまれている。ビタミンCが豊富。

アセロラ

旬／5月上旬
　〜11月
産地／沖縄県、鹿児島県

日本に上陸したのは50年ほど前だが、ビタミンCをたっぷりと含むフルーツとして定着。ジュースなどの加工品の利用が多い。

クコ

旬／9月〜11月　産地／中国、韓国
ドライのクコはレーズンよりひと回り小さく、薬膳には欠かせない果実。中国料理のスイーツである杏仁豆腐のトッピングに使用。

🍴 レシピ
「ミックスベリージャム」

材料と作り方（作りやすい分量）
❶小なべにグラニュー糖200gと水1/4カップを入れ、火にかける。❷グラニュー糖がとけたら、**凍ったままのベリー400g**（ブルーベリー、ブラックベリー、レッドカラントなど合わせて400g）を加える。❸沸騰したら弱火にし、アクをとりながら、とろみがつくまで煮る。

いちご

可食部
98%
ヘタのみ
破棄

へたをとらずに保存

露地栽培ものの旬は5月〜6月ですが、ハウス栽培の技術が進歩したため、冬から初夏にかけて半年以上収穫できます。ビタミンCの宝庫で、風邪予防や美肌効果が期待できます。虫歯予防効果のあるキシリトールも含まれます。

栄養素 (可食部100g あたり)

エネルギー		31kcal
たんぱく質		0.7g
脂質		0.1g
炭水化物		7.5g
無機質	カルシウム	17mg
	鉄	0.3mg
ビタミンA	β-カロテン当量	
		17μg
	B₁	0.03mg
	B₂	0.02mg
	C	62mg
葉酸		90μg

凍 1カ月 **蔵** 5日間

食べる直前に洗うことでおいしさキープ

いちごは買ってきたらすぐに冷蔵か、冷凍保存を。洗わず、へたも切らずにキッチンペーパーなどに一つずつくるんで保存容器に入れ、ふたをして保存がベスト。食べる直前に洗い、へたをとる。

💧 解凍方法

解凍せずに包丁などでこまかく刻んで食べるとみずみずしさを感じられるおいしさ。見た目もまったく変わらない。

🍳 レシピ「いちご黒こしょうジャム」

材料と作り方 (作りやすい分量)

❶ボウルに冷凍いちご (正味400g)、グラニュー糖160gを入れ、3時間以上おく。ときどき、実をつぶさないように全体をやさしくまぜる。❷①をざるに上げ、実と汁に分ける。汁はとっておく。❸厚手のなべに②の汁を入れて中火にかけ、煮詰める。粘りが出てきたら、②の実とレモン汁大さじ1を加え、アクをとりながら煮る。❹実がシロップを含んでふくらみ、全体がとろりとしたら、あらびき黒こしょう小さじ1/4を振ってまぜ、火を止める。

常 1日間

重ならないように注意

常温にそのまま放置しているとジュクジュクしてまずくなる。

品種

本来は初夏の果物だったが、
需要の多い年末年始に合わせた施設栽培が主体となっている。
そのために真夏は品薄。夏には南半球からの輸入ものもふえている。

とちおとめ

旬／10月中旬〜5月上旬
産地／栃木県
栃木県を中心に栽培され、東日本でトップシェアを誇る品種。粒が大きめで、酸味が少なく、糖度が高い。

章姫

旬／12月上旬〜5月下旬
産地／静岡県
静岡県で育成された品種で、東日本での流通がメイン。口当たりがよく、なめらかな肉質。甘みがたっぷりで酸味が少ない。

あまおう

旬／12月上旬〜5月下旬　産地／福岡県
福岡県の主力品種。名前の由来は、特徴である「赤い・丸い・大きい・うまい」の頭文字から名づけられた。

女峰

旬／12月上旬〜4月下旬
産地／栃木県
日光の女峰山から名づけられた。甘ずっぱく、香りがよい。色や形が美しく、業務用としても使用されている。

初恋の香り

旬／12月下旬〜3月中旬
別名／和田初こい
見た目の白さとはイメージが違い、酸味が少なく糖度が高い。紅白で組み合わせるなど贈答用として人気が高い。

干　1週間

甘みが凝縮。栄養価もアップ

薄く切ってざるに並べ、途中で返して2日ほど干す。干しいちごは、甘みが増して、栄養価もアップ。パンケーキやシリアルにまぜて。
❶いちごは洗い、水けをふいてへたをとる。❷薄くスライスし、ざるに並べる。❸晴れた日に2日天日干しする（夜はとり込む）。オーブンの場合、130度で30分ほど焼く。

145

レモン

可食部
99%
種のみ破棄

輪切りにして
冷凍・冷蔵が便利

輸入ものがほとんどですが、日本国内では瀬戸内沿岸地域のものが出回ります。ビタミンCの含有量はかんきつ類の中ではトップクラス。香り成分のリモネンは、アロマとしても利用され、血行促進作用、健胃作用などがあるといわれています。

栄養素（可食部100g あたり）

エネルギー		43kcal
たんぱく質		0.9g
脂質		0.2g
炭水化物		7.5g
無機質	カルシウム	67mg
	鉄	0.2mg
ビタミンA	β-カロテン当量	7μg
	B₁	0.07mg
	B₂	0.07mg
	C	100mg

凍蔵	1カ月	常	10日間
	1ヶ月		

使うときの形に
切って冷凍

あらかじめ使用する形にカットし、保存容器に入れ、上からラップをして冷凍する。

解凍方法

室温に3〜5分おき、解凍。しぼるとき果汁が飛び散らず、きれいにしぼれる。キッチンペーパーを敷いた上にのせて冷凍すると、ペーパーにくっつき、とり出しにくい。

レシピ「はちみつレモン」

材料と作り方（作りやすい分量）
輪切りにして冷凍したレモン3個分をびんにすき間なく詰め、はちみつ1と1/4カップを入れる。
※レモンはできれば国産でノーワックスのものを。

干 3カ月（皮のみ）

皮をせん切りにして干す

皮だけをせん切りにし、ざるに広げて、途中上下を返しながら、2日ほど干す。または、耐熱皿にキッチンペーパーを敷き、その上にせん切りにしたレモンの皮を並べ、電子レンジ（600W）で2〜3分加熱する。

● 干したものは、砕いて塩やペッパーにまぜて薬味に。

乾燥レモンで調味料

レモン塩の作り方
乾燥させたレモンの皮をすり鉢などでこまかくし、塩（好みの量）とまぜ合わせる。

レモンペッパーの作り方
乾燥させたレモンの皮をすり鉢などでこまかくし、こしょう（好みの量）とまぜ合わせる。

品種

通年流通する輸入ものが主体だが、瀬戸内での栽培が盛んになり、国産ものもふえつつある。輸入かんきつ類は、害虫駆除のポストハーベストが義務づけられているため、皮部分の残留を気にする消費者は少なくない。国産品は皮まで利用できるので安心。

リスボン

旬／通年（輸入）、
　　9月〜12月（国産）
産地／アメリカ（輸入）、
広島県、愛媛県
香酸かんきつ類の代表格。ビタミンCやクエン酸が豊富に含まれ、疲労回復にぴったり。

マイヤーレモン

旬／1月〜3月
産地／ニュージーランド
オレンジとの交雑種といわれる。一般のレモンよりまろやかな酸味で、ほのかに甘みもある。また、形は丸みがあり、赤みも帯びている。

小笠原レモン

旬／9月〜1月
産地／東京都小笠原村
マイヤーレモンの一種。東京都小笠原村の特産品で、完熟してから収穫。実は大きめでジューシー。

さくらレモン

旬／9月〜12月
産地／愛媛県
愛媛県が産地。成長途中に成型器に入れ、花の形に仕立てた飾り用の品種。料理の飾りつけなどに活用される。

リム

産地／メキシコ
レモンとライムを交配させた品種。ほどよい酸味と甘みが特徴。果汁が多く、しぼりやすい。海外では流通しているが、日本では知名度が低い。

グレープフルーツ

可食部 **99**% 種のみ破棄

冷凍すれば
手で皮がむける

輸入ものが中心のため、一年を通して安定的に手に入りますが、国内では鹿児島や熊本などの温暖な地域で栽培されています。文旦とオレンジ類が自然交配して生まれた品種とされ、さわやかな香りには気分を高揚させる効果があるといわれています。

栄養素（可食部100g あたり）

エネルギー	40kcal
たんぱく質	0.5g
脂質	0.1g
炭水化物	8.1g
無機質 カルシウム	15mg
ビタミンB$_1$	0.07mg
B$_2$	0.03mg
C	36mg

凍	2カ月	常	10日間	蔵	1ヶ月

皮をむかずに
まるごと冷凍

ポリ袋に入れてまるごと冷凍。まるごと冷凍することで水分が保たれ、みずみずしいままの味が楽しめる。

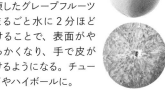

● 解凍方法

冷凍したグレープフルーツをまるごと水に2分ほどつけることで、表面がやわらかくなり、手で皮がむけるようになる。チューハイやハイボールに。

🐾 レシピ
「グレープフルーツと
海藻の酢の物」

材料と作り方（作りやすい分量）
❶まるごと冷凍したグレープフルーツ1個を1分ほど水につけ、手で皮をむく。室温に2分ほどおき、薄皮もむく。❷海藻ミックス（乾燥）8gは水でもどし、①とまぜ合わせる。❸ボウルにしょうゆ小さじ1/2、酢大さじ2、オリゴ糖小さじ2、塩少々をよくまぜ合わせる。❹②に③を回しかけ、あえる。

皮を使用するなら

皮は使用する前に、塩をこすりつけて流水で洗い流すことで、防カビ剤がとれる。

干	3カ月（皮のみ）

皮を好みの切り方で干す

皮をむき、そのまま、もしくは好みの切り方で干す。途中上下を返しながら、2日ほど干す。お菓子作りに大活躍。

みかん・かんきつ類

可食部
99%
ヘタのみ
破棄

皮で作る
ジャムは絶品

皮が手で簡単にむけるため、ビタミンCの手軽な補給源として人気のあるフルーツです。果肉の色はβ-クリプトキサンチンという色素成分によるもので、骨の健康に役立つといわれています。袋の薄皮や白い筋には、毛細血管を強くする成分が含まれています。

栄養素（可食部100g あたり）
みかん

エネルギー	49kcal
たんぱく質	0.4g
脂質	Tr
炭水化物	10.2g
無機質　カルシウム	21mg
鉄	0.2mg
ビタミンA　β-カロテン当量	
	180µg
B₁	0.10mg
B₂	0.03mg
C	32mg

凍	1ヶ月	常	2週間	蔵	3週間

皮つきのまままるごと冷凍

皮をむかず、ポリ袋に入れ、冷凍・冷蔵保存。みかんの皮を別に使用する場合は、皮をむいてポリ袋に入れて冷凍・冷蔵可能。

💧 解凍方法

水に1分ほどつけ、半解凍の状態のまま食べる。皮は手でむける。冷凍みかんは、一度水にくぐらせると乾燥が防げて、味も変わらない。

手軽に作れる皮ジャム

冷凍したものは、1分ほど水につけると、皮がやわらかくなるので、スプーンで内側の白い筋をこそげとる。せん切りにして小なべに入れ、2回ゆでこぼす。みかんの皮1個分に対して砂糖大さじ1の割合で加え、ひたひたの水を足し、弱火で汁がなくなるまで煮て完成。

🍴 レシピ
「まるごとみかんの
コンポート」

材料と作り方（作りやすい分量）
❶皮をむかず、まるごと冷凍したみかん5個を水に1分ほどつけ、手で皮をむく。❷小なべにグラニュー糖180gと水2と1/4カップを入れ、火にかける。グラニュー糖がとけ、沸騰したら火を止める。①を並べ入れ、レモン汁大さじ1を加える。❸落としぶたをして弱火にかけ、5分ほど煮て火を止め、そのまま冷ます。

干	3カ月　（皮のみ）

むいた皮をちぎって干す

むいた皮を手でちぎって干し、カラカラに乾いたら完成。目のこまかいネットに入れて湯船に浮かべて入浴剤として活用。干したものを粉状にして、お茶にするとかぜ予防にも。

バナナ

可食部
99%
皮も利用

冷凍は真っ黒に なるが中身は真っ白

果糖やブドウ糖、ショ糖など、体内ですばやくエネルギーに変わる糖類を豊富に含みます。よく熟したものには「シュガースポット」と呼ばれる黒い斑点模様が現れ、食べごろのサインといわれています。たんぱく質代謝を助けるビタミン B₆ や高血圧予防効果のあるカリウムのほか、体内で精神を安定させる物質に変わるトリプトファンを豊富に含んでいます。

栄養素（可食部100g あたり）
エネルギー	93kcal
たんぱく質	0.7g
脂質	0.1g
炭水化物	20.5g
無機質　カルシウム	6mg
鉄	0.3mg
ビタミンA β-カロテン当量	42µg
B₁	0.05mg
B₂	0.04mg
C	16mg

凍	1ヶ月	常	5日間

皮ごと冷凍で鮮度をキープ

バナナは皮をむかずにまるごとラップやキッチンペーパーで包み、ポリ袋に入れて冷凍。皮をむいてまるごと、または切ってラップをし、ポリ袋に入れて冷凍でも。

💧 解凍方法

冷凍保存したバナナは 30 秒ほど水につけると、包丁で簡単に切れる。

🍴 レシピ「バナナのカラメルジャム」

材料と作り方（作りやすい分量）
❶皮をむかずにまるごと冷凍したバナナ 2 本（皮をむいて約 200g）を水に 30 秒ほどつけ、皮をむく。1.5cm厚さの輪切りにし、レモン汁大さじ 1/2 をまぶす。❷厚手のなべにグラニュー糖 100g と水大さじ 1 を入れ、ときどきなべを回しながら中火にかける。カラメル色になったら火を止め、水大さじ 2 を加える。❸②に①を入れ、弱火にかけ、ときどきやさしくまぜながら、20 〜 30 分煮る。❹ラム酒大さじ 1 とシナモンパウダー少々を加えてまぜ、火を止める。

品種

海外からの輸入ものが100%だったが、近年は沖縄などど特産品種が少量流通。
輸入品は、国内で追熟して甘みを出すが、食べごろの期間は短いので保存方法の工夫を。

キャベンディッシュ

旬／通年（輸入）
産地／フィリピン、
エクアドル
日本で流通している
バナナのほとんどが
この品種。世界でのシェア
は約5割を占める。なめらかでさっぱりとした
味わい。日もちもする。

モンキーバナナ

旬／通年（輸入）
産地／フィリピン
長さ15cmにも満たない
小型の品種。
標高500m以上の高地
で栽培。皮が薄く甘みが濃厚。
果肉がやわらかく、子どもでも食べやすい。

ラカタンバナナ

旬／通年（輸入）
産地／フィリピン
フィリピンが産地。小ぶ
りでずんぐりとして携帯
に便利。ミネラル類、ク
エン酸が豊富で、アス
リートが栄養補給する
際に向いている。

モラード

旬／通年（輸入）
産地／フィリピン
赤茶色の皮で、太めの
円筒形。モチモチとし
た食感がある。甘さ控
えめで、ほのかな酸味
があり、さっぱりとした
味わい。

台湾バナナ

旬／通年（輸入）
産地／台湾
昭和初期から親しまれ
てきた台湾産のバナナ。
出回るのは「北蕉」と
「仙人蕉」の2品種。緻密でねっとりとした果
肉で、濃厚な味わいが特徴。

干　3週間

干すことで甘みが凝縮

皮をむき、5mm厚さの輪切りして、レモン汁にくぐ
らせ、干し網に並べ、ときどき上下を返しながら
2～3日干す。甘い香りに虫が寄ってくるので、必
ず、カバーをかぶせられる干し網などで干すこと。

● お菓子やヨーグルトのトッピングに。

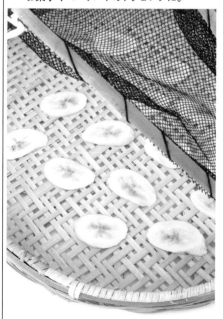

さくらんぼ

可食部
98%
種のみ破棄

冷凍は軸をとらずに

さくらんぼには、貧血予防に効果のある葉酸や鉄、抗酸化作用のあるポリフェノールやビタミンCが含まれます。国産のさくらんぼは産地が限られるため高価で、流通時期も5月～8月と短めです。果肉がやわらかく傷みやすいため、常温・冷蔵保存ではなるべく早く食べきるようにしましょう。

栄養素
（国産 可食部100g あたり）
エネルギー ——— 64kcal
たんぱく質 ——— 0.8g
脂質 ——————— 0.1g
炭水化物 —————— 1.2g
無機質　カルシウム － 13mg
　　　　鉄 ——————— 0.3mg
ビタミンA β-カロテン当量
　　　　————————— 81µg
　　　　B₁ ————— 0.03mg
　　　　B₂ ————— 0.03mg
　　　　C —————— 10mg

凍　1カ月

軸をとらずに冷凍

軸をとらずに容器に入れて冷凍。軸をとると、実に穴があき、そこから乾燥して、おいしさが失われる。

💧 解凍方法

冷凍室から出して、1分ほどおくと、表面がやわらかくなり、食べられる。

🍴 レシピ
「サワーチェリージャム」

材料と作り方（作りやすい分量）
❶冷凍サワーチェリー 400g は常温に1分ほどおき、フードプロセッサーに入れてかくはんする。❷厚手のなべに①を入れ、グラニュー糖 80g を加え、中火にかける。アクをとり、ときどきまぜながら 10 分ほど煮る。❸グラニュー糖 80g とレモン汁大さじ1を加え、とろみがつくまで 5～10 分煮詰め、火を止める。

常　5日間

風味が落ちやすいので冷やしすぎに注意

冷蔵に弱いため、常温の風通しのよい場所に保管し、食べる1～2時間前に冷やす。

干　3週間

砂糖で煮たあとに天日干し

❶さくらんぼ（種をとったもの）100 gと砂糖大さじ2をまぜ、弱火で 10 分煮る。❷ざるに上げて煮汁をきり、クッキングシートに並べ、天日干しにする。❸ときどき上下を返しながら、3日ほど干したら完成。オーブン 100 度で 90 分焼いても。

メロン

凍	1ヶ月	蔵	3日間	常	5日間

そのまま食べるなら半解凍で

皮をむき、一口大に切って、ポリ袋に入れて冷凍。
● 半解凍をアイスにまぜてもおいしい。

可食部
95%
外皮のみ
破棄

切って冷凍が便利

贈答用としても人気の高価な
果物で、6月～9月に最も盛
んに出回ります。すばやくエネ
ルギーに変換されるショ糖や
ブドウ糖、疲労回復効果のあ
るクエン酸を含むため、夏に
ぴったりのフルーツといえるで
しょう。熟すまでは常温で保
存します。

解凍方法

冷凍室から出して、1分ほどで半解凍の状態に。

レシピ
「皮もおいしく！メロンの皮のマリネ」

材料と作り方（作りやすい分量）
❶メロンの皮（外皮は切り落とす）は薄切りにし、ロース
ハム2枚はせん切りにする。❷①と塩小さじ1/4、オリー
ブ油小さじ2、酢小さじ1をまぜ合わせ、30分ほどおく。

栄養素（可食部100gあたり）

エネルギー		40kcal
たんぱく質		0.7g
脂質		0.1g
炭水化物		10.1g
無機質	カリウム	340mg
	カルシウム	8mg
	鉄	0.3mg
ビタミンA	β-カロテン当量	
		32μg
	B₁	0.06mg
	B₂	0.02mg
	C	18mg

マンゴー

可食部
90%
種のみ破棄

料理にもOK。使い方いろいろ

南国のフルーツですが、4月〜9月には、宮崎県、沖縄県、鹿児島県など、国産の完熟品も出回ります。未熟なものは常温において追熟させます。熟したものは、なるべく早く食べるか冷凍保存するのがおすすめです。

栄養素（可食部100g あたり）

エネルギー		68kcal
たんぱく質		0.5g
脂質		0.1g
炭水化物		15.1g
無機質	カルシウム	15mg
	鉄	0.2mg
ビタミンA	β-カロテン当量	
		610μg
	B₁	0.04mg
	B₂	0.06mg
	C	20mg

凍	1ヶ月	蔵	3日間	常	3日間

旬のおいしさを冷凍していつでも楽しめる

皮をむき、一口大に切って、ポリ袋に入れて冷凍。

🔵 解凍方法

冷凍室から出したばかりのマンゴーはあまり甘みがないが、しばらくおくと甘みが戻ってくる。

🍴 レシピ「マンゴーのヒラメロール」

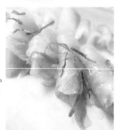

材料と作り方（作りやすい分量）
❶ヒラメの刺し身6切れに塩少々を振る。❷冷凍マンゴー1/2個分を①で巻く。❸器に盛り、オリーブ油適量を回しかけ、せん切りにしたバジルの葉1枚を散らす。

🍴 レシピ「マンゴーチャツネ」

材料と作り方（作りやすい分量）
❶まるごと冷凍したマンゴー（正味200g）を30秒ほど常温におき、果肉をこまかく刻む。種のまわりの果肉はスプーンでこそげとる。❷小なべにおろしたまねぎ50g、おろししょうが5g、白ワインビネガー・トマトジュース各1/4カップ、グラニュー糖25g、塩小さじ1/4、種をとった赤とうがらし1/2本と①を入れ、火にかける。沸騰したら中火にし、アクをとりながら15分ほど煮る。❸香辛料少々（ナツメグパウダーやシナモンパウダーなど好みのもの）を加え、軽くとろみがつくまで煮詰め、火を止める。

アボカド

凍	1ヶ月	蔵	4日間	常	熟すまで

まるごと冷凍で 皮がむきやすい

日本で出回るのは9割以上がメキシコ産のもので、通年手に入ります。不飽和脂肪酸が豊富に含まれ、生活習慣病などの予防に効果があるといわれています。やわらかく熟すまでは常温で、熟してからはポリ袋に入れて野菜室で保存します。

可食部 **70%** 種のみ破棄

熟していないものは 追熟して冷凍・冷蔵

皮はむかず、まるごとポリ袋に入れ、冷凍・冷蔵保存。

💧 解凍方法

水につけて、または常温において解凍。水につけると皮は手でむける。常温で解凍したときは、すべらないようにふきんの上などにおいてから包丁で半分に切り、手で皮をむくとよい。また包丁で切ったあとは、変色防止のためにレモン汁をまわしかけて。
冷凍すると実はとてもやわらかくなるので、クリームチーズなどとミックスしてディップにするとおいしく食べられる。はちみつなど粘性のあるものとまぜてもおいしい。

🍴 レシピ「アボカドのディップ」

材料と作り方（2〜3人分）
❶まるごと冷凍したアボカド1個の皮と種をとり除き、ボウルに入れて、木べらなどでつぶす。❷①にマヨネーズ大さじ2、レモン汁小さじ2、塩・こしょう各少々を加えてまぜ合わせる。

栄養素（可食部100gあたり）

エネルギー	176kcal
たんぱく質	1.6g
脂質	15.5g
炭水化物	6.4g
無機質 カリウム	590mg
カルシウム	8mg
鉄	0.6mg
ビタミンA β-カロテン当量	67μg
B₁	0.09mg
B₂	0.20mg
C	12mg

もったいない精神と
日本の「食品ロス」

世界では、約9人に1人が飢えに苦しんでいます。途上国では食糧不足が深刻化していますが、一方、先進国では食べきれなかった食糧が廃棄される「食品ロス（Food loss）」が起きているのです。

日本では、年間約523万t、東京ドーム4杯分もの食品ロスがあるそうです。国民1人あたりに換算すると、毎日茶わん約1杯分の食品を捨てていることになります。

内訳は、生産者、販売や店舗などの事業者によるものが約53%。そのほか、私たちの家庭から出されているものが約47%も占めています。食品ロスの理由は大きく分けて3つ。

1. 食べられる部分まで捨ててしまう「過剰除去」
2. 期限切れなどで手つかずのまま捨ててしまう「直接廃棄」
3. 調理したけれど、食べきれず「食べ残し」

どの理由も、私たちの意識しだいで、かなり改善できるのではないでしょうか？

家庭のゴミを減らすこと

直接廃棄の原因である期限切れですが、「消費期限切れ」と「賞味期限切れ」の2つがあり、その違いをきちんと理解することが必要です。

消費期限とは、日もちがしないそうざいや弁当、食肉などの食材に表示されています。記載の日付を過ぎると急激に品質が劣化するため、表示された期限を守って食べること、食べきれる量を考えて購入することが必要です。

賞味期限とは、スナック菓子や缶詰、加工品などに表示されている日付で、おいしく食べられる期間の目安です。これは製造した企業が安全面にゆとりをもって設定した期限であり、適切な保存方法であれば多少期限が過ぎても食べることが可能です。

スーパーやコンビニエンスストアでは、独自に販売期限を設けているところもあり、新しい商品と入れかえるため、賞味期限が残っていても店頭から撤去される商品があることも理解しましょう。

棚から商品を選ぶときに、消費期限に余裕のある、棚の奥の牛乳や食材を選ぶ人も少なくありません。自分が使うタイミングを考えて、なるべく手前にあるものを選び、消費期限が長いものを残しておく。これは、廃棄削減の大きな手助けとなるのは間違いないのです。

一人一人が今までの意識を変え、食品ロスを自分の問題ととらえ、21世紀の「もったいない精神」を見直していきましょう。

第 3 章

魚介

魚介保存の基本

　魚介類は、低脂肪で高たんぱくの食材として認知されています。特に、青魚の DHA（ドコサヘキサエン酸）、EPA（エイコサペンタエン酸）は、心筋梗塞のリスク軽減や脳の記憶力などへの効果が期待され、より積極的に食べられています。

　しかし、食材としての魚介類は鮮度が落ちやすく、気温の高い時期には、購入して持ち歩いている間に傷むこともあります。

　温度が上がると、生ぐささを感じますが、これも雑菌の増殖が要因になっています。

　魚料理は好きだけれど、魚をさわることは得意ではないというかたも多くいます。パックされた切り身を、ただ冷蔵室に保管するだけでなく、生活に適した保存活用法を身につけると、いっそうおいしくなることでしょう。

干物 ｜ 意外なほど簡単！ 自家製一夜干し

　干物は、水分が抜けることで魚のうまみが凝縮され、保存性も高くなります。市販のものを購入するのが主流ですが、自宅でも意外なほど簡単に、しかもおいしくできるんです。ご家庭にある道具で作れますが、カラスなどから守れる干物用の網があるとより便利です。

材料
好みの魚（アジ、イワシ、サンマ、アマダイなど）、10 〜 15％の塩水
※脂ののり具合によって塩分を調整する。脂の少ない白身魚は 10％が目安。脂の多い青魚は多めに。

作り方
❶魚を開きにしてエラ、ワタ、血合いを除き、きれいに洗う。しっかり水けをとり除く。❷塩水に 20 〜 60 分つけ込む（塩分濃度が低い場合は長めに）。❸さっと洗って表面の塩分を落とし、しっかりと水けをとり除く。❹風通しがよく、直射日光が当たる場所に 3 〜 5 時間干す。表面が完全に乾いたらでき上がり。

冷蔵 鮮度を見て保存期間を考える

　生の魚介類を冷蔵保存で鮮度を保てる期間は長くても4〜5日。つまり水揚げされてから4〜5日ということです。

　種類や保存の状態によって鮮度は差があります。内臓をとり除いていない一尾魚は、魚の内臓の細菌が繁殖し、傷む原因となるため消費期限は短くなります。

塩を振って保存

　刺し身として加工してあるものは別ですが、切り身や開いた魚は、塩を振って冷蔵すると、表面の雑菌増殖を抑える助けになります。

　保存後の調理法に合わせて、塩の量はかげんしましょう。

刺し身の保存は？

　刺し身を冷蔵保存する場合、切り身になっているものは当日中、さくでも翌日までには使いきるようにしましょう。ドリップが出ないよう、キッチンペーパーなどで包んでから、ラップでぴっちりと包み、チルド室で保存します。余った刺し身は、しょうゆと酒とみりんを2：1：1の割合でまぜ合わせた漬けだれに5〜6時間漬け込むことで、次の日までおいしく食べることができます。

魚の切り身を冷凍保存する場合、水分をふきとり、ラップで包んでポリ袋に入れて冷凍するのが基本です。しかし、切り身の場合にはすでに空気にふれてしまっているため、まるごと一尾の魚とくらべて鮮度は低くなります。冷凍保存する際は、調味料に漬け込んでから冷凍するとよいでしょう。

さく　　　　切り身　　　　まるごと

魚をおいしく冷凍保存できる
おすすめ合わせ調味料

冷凍した生魚は、解凍した際に味やにおいが気になることも。冷凍する前に、下味をつけておくと、味がしみ込みやすくなり、くさみ予防にもなります。凍ったまま煮たり焼いたりできるので、解凍や調味の手間も省けるのでおすすめ。保存期間は2週間ほどを目安に。

1 フライ用パン粉

(青背魚、白身魚など200g分)
パルメザンチーズ
　…小さじ1
塩…小さじ1/4
こしょう…少量
オレガノ…小さじ1/2
タイム…小さじ1/4
パン粉（乾燥）…1/3カップ
使い方
すべての材料をまぜ合わせ、魚にまんべんなくまぶして冷凍する。

2 しょうゆだれ

(切り身4切れ分)
しょうゆ…大さじ1と1/2
酒…大さじ1
砂糖…大さじ1
しょうがのせん切り…1かけ分

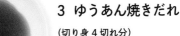

3 ゆうあん焼きだれ

(切り身4切れ分)
しょうゆ…大さじ3
みりん…大さじ2
ゆずの輪切り…4枚

4　魚のマリネ液

（4尾分）
白ワイン…1/2カップ
白ワインビネガー…1/2カップ
ローリエ…1枚
タイム…1本
塩…小さじ1/3
粒黒こしょう…少々

5　基本のさばみそ

（さば1尾分・約700g）
みそ…大さじ4〜5
砂糖…大さじ1と1/2〜大さじ2
酒…1/2カップ
みりん…大さじ4〜5

6　基本の西京焼き床

（作りやすい分量）
西京みそ…100g
酒…大さじ2
砂糖…大さじ1

7　塩麴オリーブ油ペースト

（作りやすい分量）
オリーブ油…2と1/2カップ
塩麴…3/5カップ

8　ナシゴレン風たれ

（作りやすい分量）
ナンプラー…大さじ6
酢…大さじ6
おろしにんにく…小さじ2
砂糖…大さじ4

9　オイスターだれ

（さんま4尾分）
オイスターソース…大さじ2
しょうゆ…大さじ1
砂糖…小さじ2

10　梅煮だれ

（いわし6尾分）
梅干し…4個
しょうがのせん切り…30g
しょうゆ…大さじ5
砂糖…大さじ2
みりん…大さじ2
酒…大さじ2

11　しめさば

（さば半身分）
穀物酢…1と1/2カップ
水…1/2カップ
砂糖…大さじ1
薄口しょうゆ…大さじ1
すだちの薄切り…2枚

12　しょうがみそ床

（作りやすい分量）
みそ…1カップ
みりん…1/2カップ
酒…1/2〜2/3カップ
おろししょうが
　…大1かけ分

13　本格えびチリソース

（えび300g分）
ジャン
　豆板醤…大さじ1
　水…少々
　トマトケチャップ
　　…大さじ2
中華スープ…1/2カップ
酒…大さじ1/2
砂糖…小さじ1

マグロ

可食部
100%
さくを使用

ホンマグロ

「大間まぐろ」などブランドものも多数。肉質が
よく、特に赤身は体に必要な栄養素が豊富。

キハダマグロ

脂質が少なく、あっさりとクセのない味わい。
ツナ缶の原料としても使われている。

メバチマグロ

名前のとおり、目が大きいのが特徴。外国産も
多く、チリ、ペルー、北米からは冷凍ものが多い。

遠洋漁業で冷凍されたものが主流。
近海の生マグロは高級食材。

解凍は意外にむずかしい

冷凍ものが通年流通しますが、旬は10月
〜5月。人気が高いのは「ホンマグロ」
と呼ばれるタイヘイヨウクロマグロで、
日本ではほかに、メバチマグロやキハダ
マグロなど、7種類が消費されています。

栄養素（可食部100g あたり）
くろまぐろ天然赤身生

エネルギー		115kcal
たんぱく質		22.3g
脂質		0.8g
無機質	カルシウム	5mg
	鉄	1.1mg
ビタミンB$_1$		0.10mg
	B$_2$	0.05mg
	C	2mg

凍 **1ヵ月** 蔵 **2日間**

水けをしっかりふきとってさくごと保存

塩を振り、5分おく。水けをしっかりふき、ラップで
包み、ポリ袋に入れ、冷蔵・冷凍。

💧 解凍方法

マグロのさくを解凍するときは、しょうゆやオイルに漬
け込みながら、冷蔵室でじっくり時間をかけて解凍す
るとおいしく食べられる。

マグロの切り身100gをポリ袋に入れ、しょうゆ大さ
じ2、みりん大さじ1を加え、そのまま冷凍。
● 解凍せずに、そのまま熱々のごはんにのせて、漬
け丼として食べる。少し薄めに切ることで、ごはん
の熱ですぐに解凍が進む。

🍴レシピ
「マグロのオイル煮」
材料と作り方（作りやすい分量）
❶冷凍マグロ（刺し身用）200gはキッチンペーパーで水けをふき、塩小さじ1をもみ込み、2～3cm角に切る。❷耐熱びんに入れ、オリーブ油をマグロがつかるまで（約80㎖）注ぎ入れる。❸120度に予熱したオーブンで❷をふたをせず、30分加熱する。❹あら熱をとり、レモンの輪切り2～3枚とローリエ1枚を加え、ふたをする。

🍴レシピ
「マグロのたたきサラダ わさびドレッシング添え」
材料と作り方（2人分）
❶フライパンにサラダ油を引いて熱し、冷凍マグロ100gを入れ、あらびき黒こしょう適量を振り、中火で2～3分ずつ両面を焼く。❷❶を1cm厚さに切り、葉野菜適量とともに器に盛る。❸ボウルにねりわさび小さじ1/2、オリーブ油・酢各小さじ2、塩少々を入れてまぜ合わせ❷に回しかける。

🍴レシピ
「ピカタ」
材料と作り方（1人分）
❶冷凍マグロ100～150gを一口大に切って小麦粉小さじ1/2をまぶし、とき卵1/2個分に粉チーズ大さじ1をまぜた衣をつける。❷フライパンにオリーブ油を熱し、❶を両面カリッと焼く。

163

イワシ

凍 2〜3週間　**蔵** 2〜3日間

梅干しといっしょに煮て身をやわらかく

内臓をとり除いてよく洗い、塩を振って5分おく。水けをしっかりふき、梅干しといっしょにポリ袋に入れ、冷凍を。傷むのが早いので、買ったらすぐに内臓と頭を処理するとよい。

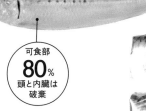

可食部
80％
頭と内臓は
破棄

買ったらすぐに頭と内臓の処理を

日本では主に、マイワシ、カタクチイワシ、ウルメイワシの3種を総称してイワシといい、カタクチイワシの稚魚をシラス、じゃこといいます。漁獲時期は産地によってばらつきがありますが、だいたい6月〜11月に旬を迎えます。傷むのが早いので、買ったらすぐに内臓と頭をとって処理しておくとよいでしょう。

栄養素（可食部100gあたり）

エネルギー	156kcal
たんぱく質	16.4g
脂質	7.3g
無機質　カルシウム	74mg
鉄	2.1mg
ビタミンD	32.0μg
B_1	0.03mg
B_2	0.39mg

🍴レシピ 「梅煮」

材料と作り方（2人分）

❶しょうが薄切り2かけ分はせん切りにする。❷なべにだし1カップ、しょうゆ・砂糖各大さじ3、酒大さじ4を入れて煮立てる。❸梅干しといっしょに冷凍したイワシ2尾を並べ、煮汁をお玉ですくって回しかける。❹落としぶたをし、弱火で25分煮る。途中、なべを傾け、煮汁が全体に回るようにする。❺煮汁にとろみがついてきたら①のしょうがを加え、さっとまぜる。

🍴レシピ 「トマトチーズ焼き」

材料と作り方（2人分）

❶ミニトマト2個は4等分に切り、パセリ適量はみじん切りにする。❷アルミホイルに開いて冷凍したイワシ4枚を並べ、ミニトマトをのせ、グリルやトースターで焼く。❸イワシの身が白くなり、火が通ってきたら、ピザ用チーズ20g、パセリのみじん切りを散らし、チーズがとけるまで焼く。

シラス

常温	冷蔵	乾燥	冷凍
×	○	○	○

可食部
100%

凍 2〜3週間　蔵 5日間

使用する分だけ
小分けにして冷凍を

小分けにしてポリ袋に入れ、平らにして冷凍か、保存容器に入れて冷蔵・冷凍。

ちりめん じゃこ

常温	冷蔵	乾燥	冷凍
×	○	○	○

可食部
100%

凍 3〜4週間

ポリ袋に
入れて保存

ポリ袋に入れ、平らにして冷凍。

🧑‍🍳レシピ
「ちりめんじゃこの甘辛だれ」

材料と作り方（作りやすい分量）
❶なべに冷凍ちりめんじゃこ70gと水1/2カップを入れてふたをし、中火にかける。❷沸騰して1分たったら、火を止め、実ざんしょう大さじ2と合わせだれ（しょうゆ・砂糖・酒各大さじ2）を加えてまぜる。ふたをして10分ほど蒸らす。❸ふたをとり中火にかけ、煮立ったら弱めの中火で5〜6分煮て、水分をとばす。

蔵 7〜10日間

袋から出し、保存容器へ

買ったときの袋から保存容器に移し、冷蔵。

アジ

可食部
80%
骨は
素揚げに

真アジ

真アジのことを「アジ」と呼んでいる。近海内湾性のものをキアジ、季節によって回遊するものをクロアジと呼ぶ。鮮度のよいアジは全体的に黄みがかっている。

関アジ

大分県漁協佐賀関支店の組合員が一本釣りで釣ったブランドアジのこと。各地でブランド化され、熊本県の「あまくさあじ」、静岡県の「倉沢アジ」、宮崎県の「美々鯵」などがある。

通年流通するが、産地や時期によっても味や価格に差がある。

骨は骨せんべいにして

刺し身や塩焼き、フライ、干物など、幅広い調理法で親しまれている青魚です。日本各地に分布し、5月〜11月に漁獲量が多くなります。特に夏は脂がのっておいしくなります。内臓がついていると傷みやすいので、買ってきたらすぐに内臓をとり除いておきましょう。

栄養素（可食部100g あたり）

エネルギー	112kcal
たんぱく質	16.8g
脂質	3.5g
無機質 カルシウム	66mg
鉄	0.6mg
ビタミンB$_1$	0.13mg
B$_2$	0.13mg

凍 2〜3週間　蔵 2〜3日間

塩を振ることでくさみがとれる

三枚におろし、塩を振り、5分おく。水けをしっかりふき、1切れずつラップで包み、ポリ袋に入れ、冷凍・冷蔵。

食べたいときに揚げるだけ

小麦粉、とき卵、パン粉の順につけ、冷蔵・冷凍。

凍 2〜3週間

内臓とぜいごをとり、頭はつけたまま冷凍

内臓をとり、よく洗い、水けをふく。ラップで包み、まるごと冷凍。

🐟レシピ「アジのオーブン焼き」

材料と作り方（2人分）

❶オーブンの天板にクッキングシートを敷いて**冷凍アジ**3尾と半分に切ったペコロス6個を並べ、塩・こしょう・オリーブ油各適量を振り、200度のオーブンで15分ほど焼く。

サンマ

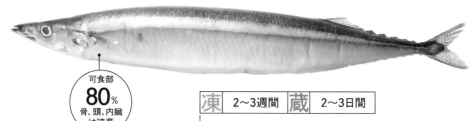

可食部 80%
骨、頭、内臓
は破棄

凍	2〜3週間	蔵	2〜3日間

水けをよくふきとることがポイント

内臓と頭をとって洗い、塩を振り、5分おく。水けをしっかりふき、ラップで包み、冷蔵・冷凍。

フライパンでもおいしく

良質な脂質を豊富に含む青魚で、日本では秋の味覚として親しまれています。胃袋がなく、内容物の残留時間が短いため、新鮮なものは内臓ごと食べることができます。すぐに食べない場合は、内臓をとり除いてから保存しましょう。

栄養素（可食部100g あたり）

エネルギー		287kcal
たんぱく質		16.3g
脂質		22.7g
無機質	カルシウム	28mg
	鉄	1.4mg
ビタミンD		16.0μg
	B₁	0.01mg
	B₂	0.28mg

漬	10日間（冷蔵）

🧑‍🍳 レシピ
「コンフィー」

材料と作り方
（作りやすい分量）

❶サンマ2尾は三枚におろし、長さを半分に切る。❷①に塩小さじ1/2を振り、そのまま30分ほどおいてキッチンペーパーで余分な水けをふきとる。❸小さななべかフライパンに②とひたひたのサラダ油、ローリエ1枚、赤とうがらし1本、にんにくの薄切り4枚を入れ、弱火で25分加熱する。そのまま冷まし、あら熱がとれたら油ごと保存容器に移して冷蔵室で保存する。

カツオ

ゆでたカツオの水けをふいて、ラップに包んでポリ袋に入れて冷凍。

可食部
80%
骨、頭、内臓
は破棄

凍 2～3週間

塩を振り5分おいて水けをふく

生のさくに塩（200gに対して小さじ1/2）を振って水けをふき、ラップで包みポリ袋に入れて冷凍。または、さくを1cm厚さのそぎ切りにして塩を振り、同様に冷凍。

さくなら手軽に料理が楽しめる

世界中の温帯から熱帯に分布する回遊魚で、日本では、春から初夏に北上するものを「初ガツオ」、秋に南下するものを「戻りガツオ」と呼びます。初ガツオは脂が少なくさっぱりしているのでたたきが、戻りガツオは産卵に備えてしっかりと脂を蓄えているので刺し身が美味とされます。

栄養素（可食部100gあたり）
春獲り
エネルギー	―	108kcal
たんぱく質	―	20.6g
脂質	―	0.4g
無機質　カルシウム	―	11mg
鉄	―	1.9mg
ビタミンB₁	―	0.13mg
B₂	―	0.17mg

レシピ「ごまカツ」

材料と作り方（2人分）
カツオのさくを切って冷凍したもの6切れにいり黒ごまといり白ごまを適量しっかりとまぶしつけ、フライパンを熱してごま油を引き、カツオの両面を焼く。

レシピ「チーズ焼き」

材料と作り方（2人分）
❶フライパンにピザ用チーズ15gを敷き、冷凍カツオ6切れを並べる。❷ピザ用チーズ15gを散らし、弱火にかけ、ふたをし、3分焼く。❸敷いたチーズがパリパリになってきたら、でき上がり。

カレイ

流通時期

| 1 | 2 | 3 | 4 | 5 | 6 | 7 | 8 | 9 | 10 | 11 | 12 |

常温	冷蔵	乾燥	冷凍
×	○	○	○

可食部
80%
骨、頭、内臓
は破棄

煮つけ、唐揚げ、何でもおいしく調理

非常に種類の多い白身魚で、日本では40種類ほどが知られています。種類が豊富なため、いずれかの種類のものが一年を通して出回ります。夏は脂のりがよく繊細な身が美味とされ、冬は子持ちが煮つけなどに重宝されます。

栄養素（可食部100g あたり）
マガレイ

エネルギー	——— 89kcal
たんぱく質	——— 17.8g
脂質	——— 1.0g
無機質　カルシウム	—— 43mg
鉄	——— 0.2mg
ビタミンB$_1$	——— 0.03mg
B$_2$	——— 0.35mg
C	——— 1mg

凍 **2〜3週間**　蔵 **2〜3日間**

白身魚の冷凍法も基本は同じ

塩を振って2分おく。水けをしっかりふき、1切れずつラップで包み、ポリ袋に入れ、冷蔵・冷凍。

凍 **3週間**

煮つけ用の下味をつけて冷凍

カレイ2切れに塩を振り、2分おいて、水けをふいたもの、しょうがの薄切り4枚、酒・みりん・しょうゆ各大さじ2をポリ袋に入れ、もれを防ぐためにさらにポリ袋に入れ冷凍。

👤 レシピ
「煮つけ」

材料と作り方
（2人分）
なべに水1/2カップを沸騰させ、煮つけ用に冷凍したカレイとその漬け汁を入れ、汁けが半分くらいになるまで煮る。

👤 レシピ
「竜田焼き」

材料と作り方（2人分）
❶冷凍カレイ2切れを、みりん・しょうゆ・酒各小さじ1を合わせたものにつけ、冷蔵室で解凍させる。❷カレイの水けをふき、かたくり粉を全体にまぶし、フライパンにサラダ油を引き、両面こんがりと焼く。

サケ

可食部
80%
骨、頭、内臓
は破棄

冷凍されたものと
塩蔵のものが通年流通。
近年は海外の養殖サーモンも多い。

冷凍したものは
よりふっくらと焼ける

日本でサケといえば、一般的
にシロザケのことですが、ほ
かにギンザケ、ベニザケもあり
ます。主にチリやノルウェーか
ら輸入されるトラウトサーモン
はニジマスの仲間です。シロ
ザケは秋が旬で、「秋ザケ」「秋
味」などと呼ばれ、親しまれ
ています。

栄養素（可食部100g あたり）
シロザケ

エネルギー	―	124kcal
たんぱく質	―	18.9g
脂質	―	3.7g
無機質　カルシウム	―	14mg
鉄	―	0.5mg
ビタミンD	―	32.0μg
B₁	―	0.15mg
B₂	―	0.21mg
C	―	1mg

凍 3〜4週間　**蔵** 2〜3日間

身が赤色だけど実は白身魚

塩を振り、2分おく。水けをしっかりふき、1切れずつラップで
包み、ポリ袋に入れ、冷蔵・冷凍。

味つけして保存。
そのまま調理OK

サケ2切れに対して、
みそ・みりん・酒各大
さじ1をまぜ合わせ、
表面に塗り、ラップで
包み、ポリ袋に入れ、
冷蔵・冷凍。

🍴レシピ
「サケときのこの
みそチン」

材料と作り方（1人分）
❶耐熱皿にみそ漬けにして
冷凍したサケ1切れと好み
のきのこ50g、バター5g
をのせる。❷ラップをふんわ
りとかけ、電子レンジで3
〜4分加熱する。

トラウトサーモン

チリとノルウェーから輸入されるニジマス。うまみや脂肪分が高く、すしネタにも人気。

シロザケ

国内でとれた天然のシロザケは漁獲時期や成熟度によって呼び名が変わる。秋に遡上するものをアキアジ（秋味）、初夏に水揚げされるものをトキシラズ（時不知）、さらに成熟前の状態で捕獲されたものはケイジ（鮭児）。

ベニザケ

肉質がよく、値段も高め。ロシアやカナダからの輸入が多くなっている。

アトランティックサーモン

タイセイヨウサケのこと。ノルウェーサーモンとも呼ばれ、ノルウェー北西海岸の養殖。

イクラ

常温	冷蔵	乾燥	冷凍
×	○	×	○

凍	2カ月	蔵	1週間

おかずカップに入れて冷凍

おかずカップに小分けし、保存容器に入れ、冷凍。

🍴レシピ「サーモンのアクアパッツア」

材料と作り方（2人分）

❶フライパンにオリーブ油小さじ2とにんにくのみじん切り小さじ1を入れて弱火にかけ、香りが立ったら**冷凍サーモン**2切れを皮目を下にして焼く。❷サーモンの上下を返してアサリ100g、ミニトマト6個、ブラックオリーブ6個、白ワイン1/4カップ、水1/2カップを加え、沸騰したらふたをして弱火で7〜8分加熱する。※タイやタラなど、ほかの白身魚でも作れます。

タラ

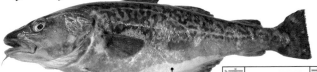

通年流通しているものは、甘塩の冷凍加工されたもの。冬には生のものが流通。

可食部 **80%** 骨、頭、内臓は破棄

タラコ

スケトウダラの真子（卵巣）を塩漬けにして味つけし、熟成させたものがタラコ、とうがらしなどで味つけしたものがからし明太子。

白子

マダラの白子（精巣）はコクがあり、高級品。

なべ料理や煮物に大活躍

一般的に、タラといえばマダラのことです。スケトウダラはマダラにくらべて小ぶりで、塩漬けや干物、ねり物などの加工品に利用されます。スケトウダラの真子（卵巣）を味つけし、熟成させたものがタラコです。

栄養素（可食部100gあたり）

エネルギー	72kcal
たんぱく質	14.2g
脂質	0.1g
無機質　カルシウム	32mg
鉄	0.2mg
ビタミンB$_1$	0.10mg
B$_2$	0.10mg

凍	2〜3週間	蔵	2〜3日間

塩を振り2分おいて水けをふく

塩を振り、2分おく。水けをしっかりふき、1切れずつラップで包み、ポリ袋に入れ、冷蔵・冷凍。

レシピ 「手作り桜でんぶ」

材料と作り方（作りやすい分量）
❶冷凍たら2切れを沸騰した湯で2〜3分ゆでる。❷冷水にとってよく洗い、皮と骨はとり除く。❸身をほぐしボウルに入れ、めん棒などでよくつぶす。❹小なべ（フライパン）に❸と酒大さじ2、砂糖大さじ1、塩・食紅各少々を加え、水分がとんで光ってきてホロホロになるまで火にかける。

レシピ 「チーズ焼き」

材料と作り方（2人分）
❶モッツァレラチーズ40gを1cm厚さに、トマト1/2個を1cm厚さに切る。❷ホイルに冷凍たら2切れを並べてトマト、バジルの葉2枚、チーズの順に重ね、オーブントースターで20分ほど焼く。器に盛ってあらびき黒こしょう適量を振り、バジル適量を添える。

ブリ

	流通時期	常温	冷蔵	乾燥	冷凍
	1 2 3 4 5 6 7 8 9 10 11 12	×	○	○	○

可食部
80%
骨、頭、内臓
は破棄

凍 2～3週間　蔵 2～3日間

身が劣化しないようラップをすき間なく巻く

塩を振って5分おく。水けをしっかりふき、1切れずつラップで包み、ポリ袋に入れ、冷蔵・冷凍。

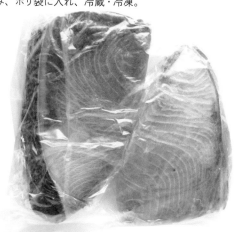

洗うと鮮度が落ちる。ポリ袋に入れたまま解凍!

養殖ものが通年出回りますが、天然ものの旬は11月～2月ごろ。日本で流通するもののおよそ4分の3は養殖ものです。成長するにつれて呼び名が変わる出世魚で、ブリになるまでを、東日本ではワカシ→イナダ→ワラサ、西日本ではツバス→ハマチ→メジロ、北陸地方ではコズクラ（コゾクラ）→フクラギ→ガンドなどと呼びます。

天然と養殖の違いは?

天然ブリは養殖ブリにくらべて脂が少ないので、焼きすぎるとパサついてしまう。焼き時間に注意。

レシピ「照り焼き」

材料と作り方（2人分）
❶フライパンにサラダ油小さじ1を熱して**冷凍ブリ**2切れ、ししとうがらし4本を入れ、ブリの両面を2分ずつ焼いて器に盛る。❷同じフライパンに酒大さじ2、みりん・酢・水各大さじ1、しょうゆ大さじ1/2を入れて弱火にかけ、とろみがつくまで煮詰めて①のブリに回しかける。

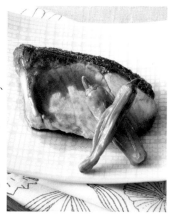

栄養素（可食部100g あたり）
養殖

エネルギー	217kcal
たんぱく質	17.8g
脂質	13.4g
無機質　カルシウム	19.0mg
鉄	1.0mg
ビタミンB₁	0.16mg
B₂	0.21mg
C	2mg

サバ

マサバ

マサバは秋から冬が旬。

可食部
80%
骨、頭、内臓
は破棄

ゴマサバ

ゴマサバはマサバよりやや小ぶりで体側に斑点
が。サバ節の原料としても使用される。

鮮魚としては、品種と産地によって流通は変動。
通年流通の塩サバは、近海だけでなく
タイセイヨウサバもふえている。

DHA・EPA が豊富。
冷凍し常備を

一般的にサバと呼ばれているのはマサ
バとゴマサバの2種類で、マサバは秋
から冬に、ゴマサバは夏に旬を迎えま
す。タイセイヨウサバ（通称ノルウェー
サバ）という外国産のサバも多く輸入さ
れています。

栄養素（可食部100g あたり）
マサバ

エネルギー	211kcal
たんぱく質	17.8g
脂質	12.8g
無機質　カルシウム	6mg
鉄	1.2mg
ビタミンB₁	0.21mg
B₂	0.31mg
C	1mg

凍	2〜3週間	蔵	2日間

出てきた水分を
よくふきとること

塩サバは1切れず
つラップで包み、
ポリ袋に入れ、冷
凍・冷蔵。生サバ
は塩を振り、5分
おく。水けをしっ
かりふき、1切れ
ずつラップで包み、
冷蔵・冷凍。

🍴 レシピ「みそ煮」

材料と作り方（2人分）

❶小さめのフライパンに酒大さじ2、水3/4カップを入れ
て火にかけ、沸騰したら**冷凍サバ**2切れ、しょうがの薄
切り1/2かけ分、ぶつ切りにしたねぎ1/2本分を加え、
落としぶたをして中火で6〜7分煮る。❷サバだけとり出
して器に盛る。煮汁の残ったフライパンにみそ小さじ1と
みりん小さじ2をとかし入れ、とろみがつくまで煮詰めた
らサバに回しかける。

タイ

流通時期

1 2 3 4 5 6 7 8 9 10 11 12	常温	冷蔵	乾燥	冷凍
	×	○	○	○

可食部
80%
骨、頭、内臓
は破棄

通年流通しているものは
冷凍加工されているもの。

キダイ
小型のものはマ
ダイのかわりに
祝宴の塩焼きに。

チダイ
体型、色ともにマダ
イにそっくり。尾び
れの後縁が黒くない。

どんな調理法でもおいしい

「桜タイ」「紅葉タイ」の通称があること
から、一年を通して親しまれている魚で
す。赤い色素は抗酸化力を持つアスタキ
サンチンという成分によるものです。骨に
うまみ成分が豊富に含まれるため、あら
汁やタイめしなど、だしのうまみを楽し
む料理に活用しましょう。

栄養素（可食部100g あたり）
養殖

エネルギー		160kcal
たんぱく質		18.1g
脂質		7.8g
無機質 カルシウム		12mg
鉄		0.2mg
ビタミンB₁		0.32mg
B₂		0.08mg
C		3mg

凍	2〜3週間	蔵	2〜3日間

身が劣化しないように
ラップですき間なく包む

塩を振って2分おく。水けをしっかりふき、1切れず
つラップで包み、ポリ袋に入れ、冷蔵・冷凍。

🍳レシピ「フライパン蒸し」

材料と作り方（1人分）

❶フライパンにざく切りにした白菜1枚分、だしコンブ1
cm、5mm幅の半月切りにしたれんこん3〜4枚、冷凍タ
イ1切れ、冷凍アサリ6個、冷凍ミニトマト3〜4個を
順に入れ、白ワイン・水各大さじ2を加えて強火にかける。
沸騰したらふたをして、弱火で8分ほど蒸し煮にする。
❷器に盛り、コンブ適量を細く切って散らす。

イカ

可食部
98%

ヤリイカ
槍の穂先に似た姿からついた名。刺し身やすしネタに。

コウイカ
胴部分に厚みがあり、強いうまみがある。

ケンサキイカ
ヤリイカの仲間で胴長40cmを超える。身が厚く、美味。これを干した「一番スルメ」は極上品とされている。

スルメイカ
春から晩秋にかけ、全国各地で水揚げされる。

ホタルイカ
体長6cmほどのイカ。ボイルして酢みそあえなどに。富山の名物料理「ホタルイカのしょうゆ漬け」が有名。

通年冷凍管理されたものが、鮮魚売り場に流通。
近海ものの「活けイカ、生イカ」の流通量はごくわずか。

和洋中さまざまな料理に

必須アミノ酸を豊富に含んで消化によく、刺し身やフライ、いため物など、さまざまな調理法にも対応する優秀な食材です。日本で最も多く消費されている魚介類の一種ですが、近年では漁獲量の低下が問題になっています。まるごと1ぱい購入したら、部位ごとに分けて保存すると使うときに便利です。

栄養素（可食部100g あたり）
スルメイカ

エネルギー		76kcal
たんぱく質		13.4g
脂質		0.3g
無機質	カルシウム	11mg
	鉄	0.1mg
ビタミンB$_1$		0.07mg
	B$_2$	0.05mg
	C	1mg

凍 3〜4週間

さまざまな冷凍法で楽しんで

わたや内臓を取り除いたいかを塩水で洗い、よく水けをふいて、ポリ袋に入れたらしっかりと空気を抜いて冷凍。衣をつけて冷凍、ゆでて冷凍、しょうゆ漬けにして冷凍などバリエーション豊富。

🍴 レシピ
「イカのまる焼きグリル」

材料と作り方（3人分）
❶冷凍イカ3ばい分はポリ袋ごと水に1分ほどつけ、解凍する。❷イカを袋からとり出し、包丁で切り目を入れる。❸塩少々を振り、魚焼きグリルで、切れ目が開き身が白くなるまで7〜8分焼く。❹器に盛り、レモン適量を添える。

🍴 レシピ
「イカときゅうりの甘酢あえ」

材料と作り方（2〜3人分）
❶冷凍イカの胴体部分を1cmの輪切りにし、熱湯で1分ゆで、水けをきる。❷ボウルに酢大さじ1、砂糖小さじ1、すり白ごま小さじ2をまぜ合わせる。❸塩もみして小口切りにしたきゅうり1/2本分と①のイカを②に入れ、よくまぜる。

タコ

マダコ

ほかのタコより漁獲量が少なく、さらに近年マダコ自体の漁獲量が減り、高価に。ゆでた状態で売られている。

ミズダコ

水っぽいと敬遠されていたが、食べ方の多様化とマダコの減少から需要が増加。酢ダコなどにも加工される。

イイダコ

小ぶりのタコで甘みとほどよいうまみがある。「いい」とは飯のことで飯粒状の卵を持つことが語源。

近年はアフリカのモロッコとモーリタニアからの輸入が主流。
近海の生ダコは高級食材として流通している。

解凍不要でそのまま使える

タコを食用にする国は少なく、世界で水揚げされる約6割が日本で消費されるといわれています。最も一般的なのはマダコですが、近年は漁獲量が減って高価になってきており、かつては水っぽいとして敬遠されていたミズダコの需要が高まっています。

栄養素（可食部100g あたり）
マダコ（ゆで）

エネルギー	91kcal
たんぱく質	15.4g
脂質	0.2g
無機質　カルシウム	19mg
鉄	0.2mg
ビタミンB$_1$	0.03mg
B$_2$	0.05mg

凍 3〜4週間

冷凍しても包丁で切りやすい

足を1本ずつ切り分け、ポリ袋に入れ、冷凍。

足の先には細菌が多く含まれているため、必ず切り落としてから使用する。

解凍してそのまま盛りつけるだけ

薄切りにしたタコ100gをポリ袋に入れる。オリーブ油大さじ1、ハーブ適量、塩・こしょう各少々を加え、冷凍&冷蔵。

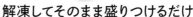

🍴 レシピ「カルパッチョ」

材料と作り方（1人分）
❶器にオイル漬けにして冷凍したタコ60gを並べる。
❷ピーマン1/4個、パプリカ（赤・黄）各1/8個、赤たまねぎ適量をそれぞれ5mm角に切って①に散らし、オリーブ油小さじ2、レモン汁小さじ1/2〜1、塩・こしょう各少々をまぜ合わせたものを全体に回しかける。

エビ

可食部
100%

揚げれば
捨てるところなし

日本人が最も好む魚介類の一つで、養殖ものや輸入ものが一年を通して安定的に手に入ります。高たんぱく・低脂肪で、タウリンやバナジウムなどの生活習慣病を予防する成分も含まれます。殻にもうまみ成分やミネラルが含まれるため、素揚げやだしにして、無駄なく使いきりましょう。

栄養素 (可食部100g あたり)
クルマエビ

エネルギー	90kcal
たんぱく質	18.2g
脂質	0.3g
無機質　カルシウム	41mg
鉄	0.7mg
ビタミンB$_1$	0.11mg
B$_2$	0.06mg

凍 3～4週間

しっかり空気を抜くのがコツ

殻はむかず、なるべく重ならないようにし、ポリ袋に入れ、冷凍。

解凍方法

ポリ袋ごと水につけて解凍する。少しやわらかくなったら袋からとり出し、塩を全体に振ってしばらくおく。流水で洗い流し、水けをしっかりとふきとる。

パン粉づけして冷凍

殻をとって背わたをとり、塩をもみこんだら流水でよく洗う。水けをよくふき、小麦粉→とき卵→パン粉の順番に衣をつけて、ポリ袋に入れて冷凍。エビフライが作りたいときに簡単にできる。

産地で養殖され
乾燥加工されたものが
流通している。

イセエビ

儀式やお祝いの席の縁起
物。結婚式などで使われ
ている多くは、アフリカミ
ナミイセエビという種類。

ブラックタイガー

クルマエビ科の一種であるウ
シエビの通称で、ほぼすべて
が輸入もの。世界各地で利
用されている。

バナメイエビ

クルマエビ科。東太平洋
原産で食用として広く漁
獲、養殖されている。身
質がやわらかいのが特徴。
生食可能なものも登場。

クルマエビ

甘みが強く美味。人気の高
い天然ものは高級食材。10
㎝までを「サイマキ」、15㎝く
らいまでを「マキ」、20㎝近
いと「クルマ」、それ以上は「オ
オグルマ」と呼ばれている。

シバエビ

クルマエビの仲間。塩を
振るだけでも美味で大き
ければ天ぷらやフライに。

アマエビ

正式名はホッコクアカエビ。
北大西洋産が冷凍もので多
く輸入されている。水にさら
して急速解凍を。

サクラエビ

干しエビとして出回ってい
たが、生で流通するよう
になり、刺し身でも食べら
れる。カルシウムが豊富。

🦐レシピ
「魚介のフライパンレモン蒸し」

材料と作り方（2人分）

フライパンに魚の切り身3〜4切れ（サケ、タラ
など）と冷凍したエビ2尾、いちょう切りにしたレ
モン3枚、白ワイン大さじ3を入れ、ふたをし、
弱火で10分じっくりと蒸す。

🦐レシピ
「エビのから揚げ」

材料と作り方（4人分）

❶背わたをとって冷凍したエビ300gは塩を振って
2〜3分おく。❷流水で洗い、水けをしっかりふく。
❸全体に小麦粉をまぶし、180度の揚げ油適量で
カリカリになるまでじっくり揚げる。

カキ

可食部
100%
殻は含まず

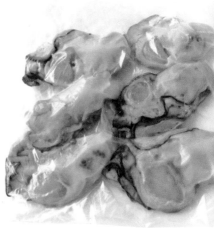

塩水につけて冷蔵室で解凍。身が縮まずくさみもとれる

「海のミルク」といわれるほど栄養豊富なカキ。亜鉛の含有量は全食材中でトップクラスで、ビタミンCとともに摂取するとさらに吸収率が高まります。一般的に、生食用よりも加熱用のほうが栄養分が豊富で、味もよいとされます。

栄養素（可食部100gあたり）

エネルギー		58kcal
たんぱく質		4.9g
脂質		1.3g
無機質	カルシウム	84mg
	鉄	2.1mg
ビタミンA	β-カロテン当量	6μg
	B_1	0.07mg
	B_2	0.14mg
	C	3mg

凍 3～4週間

よく洗ってくさみをとる

塩でもみ、流水でしっかり洗い、水けをよくふき、ポリ袋に入れ、冷凍。ボウルの水がきれいになるまでよく洗うのがくさみをとるポイント。パン粉づけして冷凍や、ゆでて水けをふいて冷凍する方法もある。

レシピ 「カキのキムチいため」

材料と作り方（2人分）
❶冷凍カキ100gは塩水につけ、やわらかくなるまで解凍し、よく洗い、水けをふく。❷フライパンを熱し、カキとキムチ100gを入れ、カキに火が通るまで弱火でいためる。❸仕上げに5cm長さに切ったにら20gを加えて軽くいため合わせ、火を止める。

漬 10日間

レシピ 「オイル漬け」

材料と作り方（作りやすい分量）
❶カキ200gを塩水でよく洗い、水けをふく。❷フライパンに①を入れて中火にかける。❸水分が出てきたら白ワイン大さじ1を加え、ふたをして2分蒸し焼きにする。❹ふたをとり、水分がとぶまで加熱する。❺④を保存容器に入れ、ローリエ1枚、オリーブ油をカキがひたひたにつかるまで注ぎ入れる。

アサリ・ハマグリ

アサリ

可食部
100%
殻は含まず

ハマグリ

流通時期

1 2 3 4 5 6 7 8 9 10 11 12

アサリ

ハマグリ

常温	冷蔵	乾燥	冷凍
×	○	×	○

冷凍でうまみアップ

アサリは、日本を代表する二枚貝ですが、現在はアサリの生息する干潟や浅瀬が激減しており、輸入ものが増加しています。旬は3月〜6月。ハマグリは、日本では古くから縁起物として食べられてきた食材。旬は2月〜3月で、現在は韓国や中国からの輸入ものがメインになっています。

栄養素（可食部100g あたり）
アサリ

エネルギー	―――	29kcal
たんぱく質	―――	4.4g
脂質	―――	0.2g
無機質　カルシウム	―	66mg
鉄	―――	2.2mg
ビタミンA　β-カロテン当量		
	―――	14μg
B₁	―――	0.01mg
B₂	―――	0.16mg
C	―――	1mg

凍　1カ月

空気をしっかり抜いて ポリ袋に入れるのがコツ

砂抜きし、しっかり洗って水けをよくふきポリ袋に入れて冷凍。殻もこすり合わせてしっかり洗うのがおいしさのコツ。砂出しに必要な塩水の塩分濃度は3%（水1カップに塩小さじ1が目安）。

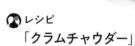

レシピ 「クラムチャウダー」

材料と作り方（2人分）
❶ベーコン10g、たまねぎ50g、にんじん30g、じゃがいも50gをそれぞれ1cm角に切る。❷なべにバター10gをとかし、①を入れていためる。小麦粉大さじ1を加え、粉っぽさがなくなるまでいためる。❸牛乳1と1/2カップを少しずつ加えてまぜ、**冷凍アサリ**100gを加えてふたをし、弱火で加熱する。アサリの口があき、とろみがついたら塩・こしょう各少々で味をととのえる。

シジミ

可食部
100%
殻は含まず

冷凍効果でうまみアップ

旬は5月〜11月。国内では島根県の宍道湖が水揚げ量1位ですが、台湾や中国、韓国、ロシアからの輸入ものも多く流通しています。肝臓の働きを助けるとされる成分「オルニチン」を多く含み、さらに、冷凍すると生にくらべてオルニチンの量が5倍以上にもなるといわれています。

漬 3〜4日間（冷蔵）

🐚レシピ
「にんにくしょうゆ漬け」

材料と作り方（作りやすい分量）
シジミ（砂出ししたもの）100gとつぶしたにんにく1かけ、赤とうがらし1/2本、みりん・酒各大さじ1/2、しょうゆ小さじ1を耐熱容器に入れ、ラップをかけ、電子レンジでしじみの口があくまで2分程度加熱する。そのまま冷まして保存容器に移し、冷蔵室で保存。

凍 1カ月

殻にも泥や砂がついているので
しっかり洗って

砂抜きしてしっかり洗い、水けをよくふいてポリ袋に入れ冷凍。殻もこすり合わせてしっかり洗うのがおいしさのコツ。砂出しに必要な塩水の塩分濃度は3%（水1カップに塩小さじ1が目安）。二枚貝は殻つきのまま冷凍保存することや、凍ったまま調理することが可能。

● シジミに含まれるオルニチンが、冷凍することで5倍以上にふえるといわれている。
● みそ汁や酒蒸しにおすすめ。

シジミの砂出し

❶シジミはしっかりとこすり洗いして汚れを落とす。❷ボウルにざるを重ねてシジミを入れ、食塩水（塩分3%）をひたひたに注ぐ。常温の暗いところ（新聞紙などで遮光する）に3時間ほどおいて砂出しする。
※ざるがあるとシジミが再度砂を吸い込むことを防げる。

冷凍シジミは熱湯に入れる

活シジミは水から加熱するが、冷凍シジミは沸騰した湯に入れて調理する。貝が開き始めたらすぐに火を弱め、適量のみそをとかし入れる（シジミからだしが出るので、コンブやカツオだしは不要）。グツグツ煮立てると、貝から身が離れてかたくなるので注意。

ホタテ

可食部
100%
殻は含まず

冷凍しても味はキープ

天然ものの旬は12月〜3月ですが、近年では養殖も盛んになっています。貝柱は冷凍しても品質が劣化しにくいのが特徴。焼き物やいため物、揚げ物など、さまざまな料理に活用できます。

漬 約3週間

🍴 レシピ
「香りオイル漬け」

材料と作り方（作りやすい分量）
小さめのフライパンに**基本のオイル床**（**p.112参照**）、ホタテ（小）200g、カレー粉小さじ1を入れて火にかけ、ふつふつと泡が出てきたら弱火にして3分煮る。冷めたら保存容器に移して冷蔵室で1日以上おく。

凍 1カ月

解凍せずにそのまま使える

さっと洗って水けをしっかりふき、ポリ袋に入れ、冷凍・冷蔵。ベビーホタテも方法は同じ。殻つきのホタテはすぐに殻からはずして冷凍。

ウナギ

可食部
100%
かば焼き

かば焼きは
表面をさっと洗って
冷凍保存すれば
くさみなし！

ビタミンAをはじめ、ビタミンB₁・B₁₂、鉄など、疲労回復に役立つ栄養素が豊富に含まれています。市販のウナギ（かば焼き）は、酒を振ってからあたため直すとふっくらと仕上がります。残った場合は、食べやすい大きさに切ってから冷凍保存を。

栄養素（可食部100gあたり）
エネルギー	228kcal
たんぱく質	14.4g
脂質	16.1g
無機質 カルシウム	130mg
鉄	0.5mg
ビタミンA レチノール	2400µg
A β-カロテン当量	1µg
B₁	0.37mg
B₂	0.48mg
C	2mg

凍 1カ月

さっと洗って冷凍

かば焼きは表面についたたれを水でさっと洗い流す。1cm幅に切り、重ならないようにポリ袋に入れ、冷凍。切らずに冷凍保存も可能。

💧 解凍方法

凍ったままフライパンに入れ、水大さじ1～2を加えふたをして、弱めの中火で水分がなくなるまで4～5分加熱する。水分がすべてなくなれば、ふっくらとしたかば焼きになる。そして付属のタレを回しかければ、くさみのないかば焼きが完成する。

🍳 レシピ「かば焼き卵とじ」

材料と作り方（2人分）
❶なべに水1カップとめんつゆ大さじ2を入れ、沸騰したら、冷凍したウナギのかば焼き1尾分を加え、3～4分煮る。❷とき卵2個分を回し入れる。

コンブ

可食部
100%

流通時期

1 2 3 4 5 6 7 8 9 10 11 12	常温	冷蔵	乾燥	冷凍
	×	○	○	○

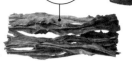

日高コンブ

北海道日高沿岸でとれる。
やわらかく煮えやすいので、
おでんやコンブ巻きなどに。

羅臼コンブ

北海道羅臼町近海の茶褐色のコンブ。
別名は羅臼オニコンブ。

真コンブ

北海道函館沿岸でとれる。なべ物に向く。
肉厚なので佃煮か塩コンブに。

利尻コンブ

北海道の利尻、礼文、稚内
沿岸でとれる。ややかため。
透明で風味のよい高級なだし
は会席料理、湯豆腐などに。

収穫期は春で、そのほとんどが
地元で乾燥や加工品にされている。
今後は、生や冷凍といった
商品形態の多様化もあるだろう。

栄養満点の海藻を
手軽にとれる冷凍保存

日本のだし文化には欠かせない食材で、
うまみ成分のグルタミン酸を豊富に含み
ます。特有の粘り成分は水溶性食物繊維
によるもので、ほかに、ヨウ素やカルシ
ウム、鉄などの栄養素も多く含んでいます。
だしをとる際に使ったコンブは、煮物や
炊き込みごはんなどに活用できます。

栄養素（可食部100g あたり）
真コンブ干し

エネルギー		170kcal
たんぱく質		5.1g
脂質		1.0g
炭水化物		55.6g
無機質	カルシウム	780mg
	鉄	3.2mg
ビタミンA	β-カロテン当量	1600μg
	B₁	0.26mg
	B₂	0.31mg
	C	29mg

凍	1カ月	蔵	3日間

平らに広げて
便利に活用

洗って水けをしっか
りふき、ポリ袋に入
れ、平らにし、冷凍・
冷蔵。使うときは解
凍せず、必要な分
量をポキポキと折る。

👤レシピ「煮込みハンバーグ」

材料と作り方（2人分）
❶冷凍コンブは 15㎝分をポキポキと折って水 1 と 1/2
カップとともになべに入れ、20 分おく。❷にんじん 1/3
本はあらみじんに切る。❸ボウルにひき肉 200g と②を
入れ、こしょう少々、酒大さじ 2、塩小さじ 1/3、こまか
く刻んだ食パン 1 枚分、サラダ油大さじ 1 の順に入れ、
よくまぜ合わせて4等
分にし、楕円形に成
形する。❹①を火に
かけ、15 分煮て③を
加え、さらに 20 分煮
る。しょうゆ大さじ
1/2 で味をととのえる。

漬	約3週間

👤レシピ「コンブしょうがの甘酢漬け」

材料と作り方（4人分）
❶切りコンブ 200g は洗い、水
けをきり、食べやすい長さに切
る。❷にんじん 8㎝、しょうが 2
かけ、ねぎ 10㎝をせん切りにす
る。赤とうがらし 1 本は種をとり、
小口切りにする。❸ボウルに①と
②、酢大さじ 3、砂糖大さじ 2、
塩小さじ 1/2 を入れ、まぜる。

ワカメ

可食部
100%

冷凍しても
歯ごたえそのまま

実はコンブと同じコンブ目の海藻です。多くは乾燥や塩蔵で出回りますが、天然ものの旬は2月〜5月ごろ。根元部分は「めかぶ」、茎の芯の部分は「茎ワカメ」として流通しています。

栄養素（可食部100g あたり）
生ワカメ

エネルギー	24kcal
たんぱく質	1.4g
脂質	0.1g
炭水化物	3.6g
無機質　カルシウム	100mg
鉄	0.7mg
ビタミンA　β-カロテン当量	930μg
B₁	0.07mg
B₂	0.18mg
C	15mg

凍	1カ月	蔵	3日間

平らに広げることで便利に活用できる

洗って水けをしっかりふき、ざく切りにする。ポリ袋に入れて平らに広げ、冷凍・冷蔵。

🍳 レシピ
「海藻と豆腐のスープ」

材料と作り方（1人分）
❶だし1カップ、冷凍ワカメ20g、2cm角のさいの目切りにした絹ごし豆腐1/4丁分を小なべに入れて火にかける。❷沸騰したら塩少々で味をととのえ、好みでしょうゆをたらす。

🍳 レシピ
「ワカメの油いため」

材料と作り方
（作りやすい分量）
❶フライパンにごま油小さじ1を熱し、冷凍の生ワカメ100gを解凍せずにそのまま入れる。❷水分がなくなるまで中火でいため、塩少々を振る。❸器に盛り、好みで七味とうがらしを振る。

186

ひじき

可食部
100%

低カロリーで食物繊維やミネラルたっぷり

カロリーが低く、食物繊維やミネラルを豊富に含むため、ダイエットにうってつけの食材です。国産は1〜2割程度で、ほとんどは韓国や中国からの輸入もので、主に乾燥で出回ります。もどしすぎたものは冷凍で保存できます。

栄養素（可食部100g あたり）
ひじき（干）

エネルギー ———— 180kcal
たんぱく質 ———— 7.4g
脂質 ————————— 1.7g
炭水化物 ————— 55.3g
無機質　カルシウム — 1000mg
　　　　鉄 ————— 6.2mg
ビタミンA β-カロテン当量
　　　　　———— 4400μg
　　　　B₁ ———— 0.09mg
　　　　B₂ ———— 0.42mg

凍 1カ月　**蔵** 3日間

必要な分だけ便利に活用

洗って水けをしっかりふき、ポリ袋に入れ、平らに広げ、冷凍＆冷蔵。

🧑‍🍳 レシピ
「ひじきとツナの炊き込みごはん」

材料と作り方
（作りやすい分量）
炊飯器の内がまに米2合（360㎖）、冷凍生ひじき100g、ツナ缶（小）1缶（缶汁ごと入れる）、塩・しょうゆ各小さじ1を入れ、炊く。

凍 1カ月　**蔵** 1週間

ふりかけにして保存

生ひじき100g、種をとった梅干し（大）1個、かつお節2g、しょうゆ、みりん、水各大さじ1を汁気がなくなるまで弱火で加熱する。

常温	冷蔵	乾燥	冷凍
×	○	×	○

ちくわ・さつま揚げ

そのままの形で冷凍保存

タラ類、サメ類、トビウオ、ホッケなどの白身魚を原料としたねり物で、煮物などに入れると魚のうまみがとけ出します。そのままの形で冷凍保存が可能。スライスしてから冷凍すれば、そのままいため物などに使えて便利です。

凍 2カ月

解凍なしでも包丁で簡単に切れる

くっつかないように間隔をあけてポリ袋に入れ、冷凍。

レシピ「ちくわの磯辺揚げ」

材料と作り方（2人分）
❶冷凍ちくわ4本は斜め半分に切る。❷ボウルに小麦粉・水各大さじ2、青のり小さじ1をまぜ合わせ、①をつける。❸フライパンにサラダ油を2〜3㎜深さに入れて熱し、①を揚げる。

常温	冷蔵	乾燥	冷凍
×	○	×	○

かまぼこ

板は乾燥と雑菌の繁殖を防ぐ

タラ類、サメ類、イトヨリなどの白身魚を原料としたねり物で、基本的に長期保存には向きません。使いかけが残った場合は板につけたまま保存を。かまぼこの板には、余分な水分を吸収し、カビなどの雑菌の繁殖を防ぐ働きがあるといわれています。

蔵 1週間

乾燥は大敵。すき間なく包んで

板ごとラップで包み、冷蔵保存。

凍 2カ月

冷凍のまま煮物やいため物に

板ごとラップに包み冷凍。
● スポンジ状になるが、冷凍のままおでんの具や、切って卵焼きにまぜたりすれば気にならない。

レシピ「かまぼこの天ぷら」

材料と作り方（2人分）
❶冷凍かまぼこ50gは板の上で5㎜厚さに切る。❷ボウルに小麦粉・水各大さじ2をまぜ合わせ、①をつける。❸フライパンにサラダ油適量を入れて熱し、①を揚げる。

第 4 章

肉類

肉類保存
の基本

　高たんぱくである肉類は、人間の体を維持する重要な食材です。

　近年では、糖質ダイエットを心がける人たちにも意識的に食べられています。夜だけではなく、朝からステーキなどを習慣的に食べる方法もあります。これは、朝にパンやごはんなどを食べるよりも、朝昼夜毎食たんぱく質を摂取すると「筋肉がつきやすくなる」という研究結果からだそうです。

　牛肉、豚肉、鶏肉の中にも、部位や加工方法など、さまざまな商品があり、その消費期限も異なります。表示された日数だけでなく、いくつかの保存方法を知ることで、食べ方やレシピの幅が広がることでしょう。

冷蔵　ドリップをとり、チルド室での保存がベスト

　買ってきた肉類は、できるだけ早くチルド室やパーシャル室などの低温度室に入れるようにしましょう。基本的にパックのままの保存でOKですが、ドリップをとり除き、ラップなどでぴっちりと包んでから保存すると雑菌が繁殖しにくくなります。

冷凍 うまみや栄養分を逃がさないように

　トレーのまま冷凍してしまうと凍るのに時間がかかり、解凍時にドリップ（うまみや栄養分の含まれた液汁）が出やすくなります。必ずトレーから出し、ラップで包みファスナーつき保存袋に入れて冷凍しましょう。冷凍室に急速冷凍機能がない場合は、熱伝導のよいアルミトレーが便利。トレーの上に食材をおき、冷凍室に入れれば、冷凍スピードがアップします。

水分のとり方

パックに入っていることの多い「ドリップ吸収シート」は必ずとり除いてから冷凍します。肉に付着した水分は、キッチンペーパーなどを使って吸収します。

かたまり肉の冷凍

用途に合わせて切り分け、個別にラップで包むか、ファスナーつき保存袋の中で重ねずに並べた状態で冷凍します。

ひき肉

ひき肉はポリ袋に入れて平らにならし、袋の上から菜箸などで筋をつけておくと、手で必要な分を折って使えるので便利。

解凍

急速に解凍するとドリップとともにうまみが流れ出てしまうので、低温でゆっくりと自然解凍するのがおすすめ。使う予定があったら、半日〜1日前に冷蔵室に移しておくとよいでしょう。

合わせ調味料

　肉に下味をつけてから保存するとしっかり味がしみ込み、「冷蔵」でも保存性が高くなります。「冷凍」でも、調理時間を短縮することができたり、献立に迷うことがないというメリットがあります。なお、下味のついた肉類は、いためると焦げやすいので、火かげんに注意してください。

1 みそだれ

（肉 400g 分）
酒…大さじ 3
砂糖…大さじ 2
みそ…大さじ 1 と 1/2

2 和風カレーだれ

（肉 200g 分）
カレー粉…大さじ 1/2
トマトケチャップ
　…大さじ 1
しょうゆ…大さじ 1
砂糖…小さじ 1

3 レトロトマトだれ

（牛肉 400g 分）
トマトケチャップ…大さじ 6
ウスターソース…大さじ 4
しょうゆ…大さじ 2
ねりがらし…大さじ 1

4 しょうが焼きだれ

（豚肉 400g 分）
しょうゆ…大さじ 3
みりん…大さじ 2
酒…大さじ 1
おろししょうが…1 かけ分

5 照り焼きだれ

（鶏もも肉 2 枚分）
しょうゆ…大さじ 2
みりん…大さじ 2

6 中華風照り焼きだれ

（鶏もも肉 2 枚分）
しょうゆ…大さじ 1
紹興酒…大さじ 1
砂糖…小さじ 1

7 スパイシースペアリブだれ

（スペアリブ 800g 分）
しょうゆ…大さじ 2
ナンプラー…大さじ 1
三温糖…大さじ 3
紹興酒…大さじ 2
酢…大さじ 1
おろしにんにく…2 かけ分
こしょう…少々

8 から揚げだれ

（鶏もも肉 3 枚分）
しょうが汁…大さじ 1
しょうゆ…大さじ 1/2
塩…小さじ 1/2

9　コリアンポン酢だれ

（肉 800g 分）
しょうゆ…大さじ 4
酢…大さじ 2
ゆずのしぼり汁…1 個分
みりん…小さじ 1/2
すり白ごま…小さじ 2
粉とうがらし…小さじ 2

10　さっぱりハーブだれ

（鶏もも肉 2 枚分）
にんにく…大 2 かけ
塩…小さじ 3
こしょう…少々
オリーブ油…大さじ 4
米酢…大さじ 6
ローズマリー…4 枝

11　さっぱり和風だれ

（鶏もも肉 2 枚分）
しょうゆ…大さじ 2
酢…大さじ 2
砂糖…小さじ 1
赤とうがらしの小口切り
　…小 2 本分

12　黒酢だれ

（肉 400g 分）
黒酢…大さじ 2
甜麺醤…大さじ 1
塩…小さじ 1/4
酒…大さじ 1

13　豚の梅酒煮だれ

（豚バラ肉 500g 分）
にんにく…2 かけ
梅酒…1/2 カップ
しょうゆ…大さじ 5
みりん…大さじ 2

14　とんテキソース

（豚肉 600g 分）
トマトケチャップ…大さじ 4
みりん…大さじ 4
ウスターソース…大さじ 4
しょうゆ…大さじ 8
バター…大さじ 4

15　ゆずこしょう焼きだれ

（肉 600g 分）
しょうゆ…大さじ 4
酒…大さじ 4
こしょう…少々
ゆずこしょう…大さじ 2 〜 3

16　スパイシートマトだれ

（肉 400g 分）
トマトケチャップ…大さじ 4
カレー粉…小さじ 2
タバスコ…小さじ 2
塩、こしょう…各少々

牛肉

	常温	冷蔵	乾燥	冷凍
	×	○	×	○

ステーキ肉

凍 2〜3週間　**蔵** 2〜3日間

しみ込んだオイル効果でやわらかく焼ける

フォークで肉の表面にブスブスと穴をあけ、ポリ袋に入れる。ステーキ肉 150g に対してサラダ油大さじ 1、塩小さじ 1/4、酢小さじ 1、こしょう少々を加え、冷蔵・冷凍。

● 肉にしみ込んだオイルが肉より先に熱くなり、肉に早く火が通る。

じょうずに保存すれば いつでもジューシーに

必須アミノ酸のバランスがよく、ビタミンB群やカリウム、体内で使われやすいヘム鉄を豊富に含みます。精肉は屠畜して1週間以上おいてから売り場に並びますが、流通の過程では雑菌が繁殖しないよう低温で管理されています。スーパーなどで買い求めたものは、保冷剤とともに持ち運ぶ、なるべく早く冷蔵室に入れるなどして、温度を上げないようにすることが品質を長もちさせるポイントです。

栄養素（可食部100g あたり）
乳用肥育牛肩ロース脂身つき

エネルギー		295kcal
たんぱく質		13.7g
脂質		24.7g
無機質	カルシウム	4mg
	鉄	0.9mg
ビタミンA	β-カロテン当量	
		0μg

かたまり肉

凍 2〜3週間　**蔵** 2〜3日間

🍳レシピ 「ローストビーフ」

材料と作り方（作りやすい分量）
❶冷凍した牛かたまり肉（ローストビーフ用）500g を室温でもどす。❷肉を金ぐしで数カ所刺し、全体にサラダ油をすり込む。さらに、塩小さじ1、粗びき黒こしょう小さじ 1/2 を全体にすり込む。❸熱したフライパンで②をときどき返しながら全面を均一に焼く。金ぐしを中央まで刺し、そのまま5秒待ってから抜き、すぐ下唇に当てて生あたたかさを感じればでき上がり。冷たければもう少し焼く。❹焼き上がったらアルミホイルに包んであら熱をとり、そのまま冷蔵室で保存する。

🅐 レシピ
「かぶと牛肉のステーキ」

材料と作り方（2人分）

❶解凍した**冷凍牛もも肉**（ステーキ用）200gは一口大に切り、塩・こしょう各少々を振る。かぶ4個は皮をむき、くし形に6等分に切り、耐熱容器に水少々（分量外）とともに入れ、やわらかくなるまで電子レンジで1分半加熱する。かぶの葉も電子レンジで1分加熱し、小口切りにする。❷フライパンにサラダ油小さじ2を熱し、牛肉をさっといため、バター大さじ1としょうゆ大さじ1/2で味をつけ、とり出す。❸②のフライパンにかぶを入れ、しょうゆ大さじ1/2を回し入れ、味をととのえる。❹器にサラダ菜適量を敷き、②と③を盛り、①のかぶの葉を散らす。

🅐 レシピ
「しょうがと
牛肉の煮物」

材料と作り方（2人分）

❶フライパンにしょうがの砂糖漬け（p.113参照）のしょうが50g、しょうがの砂糖漬けの汁大さじ1、しょうゆ大さじ1、酒1/4カップを入れ、中火にかける。❷煮立ったら、3〜4cm幅に切って**冷凍した牛切り落とし肉**100gを入れ、水分がなくなるまでいため煮にする。

解凍せずにそのまま焼くことで
ジューシーに

焼き方（ステーキの厚さ1cmの場合）

❶熱したフライパンにサラダ油を引いて冷凍のままのステーキ肉1枚（150g）を入れ、塩・こしょう各少々を振ってふたをし、中火で1分30秒焼く。❷上下を返して、塩・こしょう各少々を振り、ふたをしてさらに1分30秒焼く。❸火を止め、ふたをしたまま1分おく。❹ふたをとり、強火で1分程度水分をとばすように焼く。こんがりとした焦げ目がついたら完成。

豚肉

凍 2～3週間　**蔵** 2～3日間

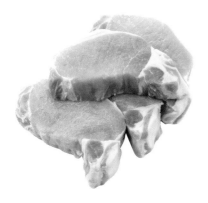

冷凍前のドリップは きれいにふきとって

ラップで包み、
ポリ袋に入れ
保存。

いろいろな 冷凍方法で活用

ビタミン B_1 の含有量はすべての食材の中でもトップクラスで、牛肉にくらべると 8 ～ 10 倍にもなります。食中毒や寄生虫のリスクを避けるため、生か冷凍かにかかわらず、中までしっかりと加熱してから食べるようにしましょう。特に、一度冷凍したものが解凍しきれていないと、加熱ムラが生じることがあるので注意が必要です。

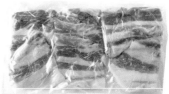

食べやすい大きさに切って保存。調理時に包丁が不要。

豚薄切り肉100g に対してみそ小さじ1 をまぶして冷凍・冷蔵。

塩麹に漬け込み、冷凍・冷蔵。

栄養素（可食部100g あたり）
大型種肩ロース脂身つき

エネルギー		237kcal
たんぱく質		14.7g
脂質		18.4g
無機質	カルシウム	4mg
	鉄	0.6mg
ビタミン B_1		0.63mg
	B_2	0.23mg
	C	2mg

豚肉 200g に対し、しょうゆ小さじ 2、おろししょうが小さじ 1 を合わせたものに漬け込み、冷凍・冷蔵。

ヒレ肉

蔵 2日間(生)・4〜5日間(加熱調理後)

2日間漬け込んで焼けば
自家製パストラミ完成!

ポリ袋にヒレかたまり肉 200g に対して、塩小さじ 1/2、砂糖小さじ 1、あらびき黒こしょう小さじ 1/4 を合わせたものを入れ、冷蔵。

● 漬け込み肉をホイルまたはクッキングシートを敷いた 200 度のオーブンで 10 分焼き、そのままオーブンの中で冷ます。あら熱がとれたらアルミホイルで包み、冷蔵室で保存。4〜5 日は保存可能。薄くスライスして食べて。

凍 2〜3週間

衣をつけて冷凍すれば
食べたい量をすぐに揚げられる

ヒレ肉は 1cm 厚さに切り、小麦粉、とき卵、パン粉の順につけ、ポリ袋に入れ、冷凍。

肩ロースかたまり肉

蔵 2〜3日間

漬け込んでおけば
簡単自家製チャーシューの完成

ポリ袋にかたまり肉 200 〜 250g、しょうゆ、酒、みりん各大さじ 2 を入れ、冷蔵。

● 200 度のオーブンで 20 分焼き、漬け汁を回しかけて、さらに 10 分焼く。または漬け汁ごとなべに入れ、ひたひたの水を加えて、汁けがなくなるまで 30 分煮込む。

下味のみで、
調理時の味つけ不要

かたまり肉 200g に対して、塩麹大さじ 1 を加えて漬け込み、冷蔵する。冷凍する場合は、肉をあらかじめ食べやすい大きさに切る。

🧑‍🍳 レシピ「ミルフィーユみそかつ」

材料と作り方（2 人分）
❶みそで下味をつけ、冷凍した豚ロース薄切り肉 3 枚を重ねて、とけるスライスチーズ 2 枚をのせ、さらに豚肉 3 枚を重ねる。❷小麦粉、とき卵、パン粉の順に衣をつけ、フライパンで揚げ焼きにする。

鶏肉

凍 2〜3週間　**蔵** 2〜3日間

ぴっちり包んで乾燥を防ぐ

もも肉、むね肉は厚みが均一になるようにそぎ切りにし、余分な脂をとる。1枚ずつすき間なくラップで包み、ポリ袋に入れ、冷蔵・冷凍。

さまざまな保存法がある食材

鶏肉は部位によって栄養成分が異なり、むね肉には疲労回復効果のあるイミダゾールペプチド、皮や手羽、軟骨には血管や皮膚の健康に役立つコラーゲンが多く含まれています。牛肉や豚肉にくらべて水分の含有量が多いため、特に傷みやすいといわれています。すぐに使わない場合は、下味をつけるか、加熱調理してから保存するとよいでしょう。

栄養素 (可食部100g あたり)
若鶏もも皮つき
エネルギー ——————— 190kcal
たんぱく質 ——————— 17.0g
脂質 ————————————— 13.5g
無機質　カルシウム — 5mg
　　　　鉄 ————————— 0.6mg
ビタミンB₁ ——————— 0.10mg
　　　　B₂ ——————— 0.15mg
　　　　C —————————— 3mg

もも肉

ポリ袋に一口大に切ったもも肉300g を入れ、みそ・砂糖各大さじ1を加え、よくもみ込み、平らにし、冷蔵・冷凍。

むね肉

食べやすい大きさに切り、ポリ袋に入れ、鶏むね肉200g に対して、塩小さじ1/3、酒大さじ1を振り、もみ込む。平らにし、冷蔵・冷凍。塩、酒のかわりに塩麹(小さじ1) でもOK。

🐔レシピ
「れんこんと鶏肉のいため煮」

材料と作り方（2人分）
❶フライパンにごま油小さじ1を熱し、薄切りにしたれんこん100gを入れ、1分いためる。❷水1カップを加え、沸騰したら、**一口大に切って冷凍した鶏もも肉200g**を加え、ふたをし、中火で5分煮る。❸みそ・みりん各小さじ2を加え、汁けがなくなるまで煮込む。

漬 10日間（冷蔵）

🐔レシピ「鶏肉のコンフィー」

材料と作り方（作りやすい分量）
❶鶏もも肉1枚に塩小さじ1をすり込み、10分ほどおく。❷小さななべかフライパンに①、にんにく1かけ、ローズマリー1枝を入れ、かぶるくらいのサラダ油を入れて弱火にかけ、30分間加熱する。そのまま冷まし、あら熱がとれたら油ごと保存容器に移して冷蔵室で保存する。

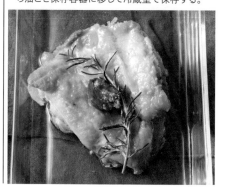

ささみ

凍 2〜3週間

ささみ同士がくっつかないように

1本ずつラップに包み、ポリ袋に入れて冷凍。

蔵 3〜4日間

サラダの
トッピングに最適

ささみを水からゆで、沸騰したら火を止め、あら熱がとれたら冷蔵室で保存する。

漬 4〜5日間

🐔レシピ「ささみのオイル漬け」

材料と作り方（作りやすい分量）
❶にんにく1かけはつぶす。❷基本のオイル床（p.112参照）、鶏ささみ4本、ローリエ1枚、にんにくを小さめのフライパンに入れて中火にかけ、ふつふつと泡が出てきたら弱火にして3分煮る。冷めたら保存容器に移して冷蔵室で1日以上おく。

ひき肉
合いびき肉

凍 2〜3週間

ハンバーグだねを作って
筋目を入れて冷凍

ポリ袋に合いびき肉 300g を入れ、塩小さじ
1/2、こしょう少々、卵 1 個、たまねぎのみじ
ん切り 50g、ナツメグ少々を加え、手でしっ
かりまぜ合わせる。小さめのポリ袋に厚さ 1.5
cmほどになるように、すき間なく広げることで、
空気にふれる部分が少なくなり、うまみが逃
げない。また、ポリ袋に入れたまま成形でき
るので便利。

必要な分だけパキンと折って

ひき肉をポリ袋に入れて平らにし、割りやす
いようにあらかじめ菜箸で筋目を入れ、冷凍。
解凍せず、そのまま必要分をパキンと折って
調理。

栄養素（可食部100g あたり）
豚ひき肉

エネルギー	————	209kcal
たんぱく質	————	15.9g
脂質	————	16.1g
無機質　カルシウム	—	6mg
鉄	————	1.0mg
ビタミンB₁	————	0.69mg
B₂	————	0.22mg
C	————	1mg

常温	冷蔵	乾燥	冷凍
×	○	×	○

豚ひき肉

凍 2〜3週間

味つけして保存。冷凍のまま
皮に包んでギョーザに

豚ひき肉 300g をポリ袋に入れ、塩小さじ 1/2、
こしょう少々、ごま油大さじ 1、オイスターソース
大さじ 1、にらのみじん切り 1/2 束分を加え、
袋の中でしっかりとまぜ合わせる。そのまま平ら
に広げたら、上から菜箸などで押さえるようにし
て一口サイズに筋目を入れ、冷凍。冷凍のまま、
筋目で折ってギョーザの皮に包む。焼きギョーザ
でも、スープにしても OK。

🍴レシピ「クイックギョーザ」

材料と作り方（作りやすい分量）
❶市販のギョーザの皮に冷凍したギョーザのたね
を 1 ブロックずつ包む。❷熱したフライパンにごま
油小さじ 1 をひき、①を並べ、水 1/2 カップを入れ、
沸騰したら中火で 7 分加熱する。❸ふたをとって強
火にかけ、水分がとんだら完成。

🍴レシピ
「たっぷりひき肉のカレー」

材料と作り方（2人分）
❶フライパンにサラダ油小さじ1を熱し、冷凍の**合いびき肉200g**をポキポキと折って入れ、ふたをし、弱火でじっくりと焼く。❷ふたをとり、木べらであらくほぐし、水1と1/2カップを加え、3〜4分煮てカレールウ2かけをとかし入れる。

牛ひき肉

凍	2〜3週間

焼くだけで簡単に1品完成

ポリ袋に牛ひき肉300g、チリパウダー小さじ1、ウスターソース・トマトケチャップ各大さじ1、おろしにんにく小さじ1、塩小さじ1/2、こしょう少々を入れる。折って使えるようにあらかじめ菜箸などで筋目を入れ、冷凍。

栄養素（可食部100gあたり）
鶏ひき肉

エネルギー	———	171kcal
たんぱく質	———	14.6g
脂質	———	11.0g
無機質	カルシウム —	8mg
	鉄 ———	0.8mg
ビタミンB$_1$	———	0.09mg
	B$_2$ ———	0.17mg
	C ———	1mg

鶏ひき肉

凍	2〜3週間

下味冷凍で味が決まりやすい

ポリ袋に鶏ひき肉200g、塩小さじ1/3、酒大さじ1を入れ、手でよくまぜ、平らにし、折りやすいように菜箸などで筋目を入れ、冷凍。塩のかわりに塩麹小さじ1を使ってもよい。肉がしっとりやわらかくなる。

凍	2〜3週間	蔵	3〜4日間

そぼろにして冷凍・冷蔵

なべに鶏ひき肉200g、酒・みりん・しょうゆ各大さじ1、砂糖小さじ1、塩小さじ1/4を入れ、火にかけ、水分がなくなるまで煮る。保存容器に移し、あら熱をとり、冷蔵室で保存。もしくはポリ袋に入れ、平らに広げて冷凍。

🍴レシピ
「鶏そぼろ
オムレツ」

材料と作り方（1人分）
❶ボウルに卵2個を割りほぐし、冷凍鶏そぼろ30gを入れ、まぜ合わせる。❷フライパンにサラダ油適量を熱し、①を流し入れ、オムレツを作る。

ハム

常温	冷蔵	乾燥	冷凍
×	○	×	○

弁当や朝食用にあると便利

ハムやソーセージなどの加工肉は、もともとは保存性を高めるために作られたものですが、現在は塩分を控えて製造しているものが多いため、開封後はできるだけ早めに食べきるのが基本です。すぐに使わない場合は冷凍保存を。

凍 2〜3週間

用途に合わせて
切り方を変えて冷凍

２枚ずつラップで包み、冷凍。もしくは使いやすい1cm幅に切り、冷凍。解凍せず、そのまま調理。

ソーセージ・ベーコン

常温	冷蔵	乾燥	冷凍
×	○	×	○

凍 2〜3週間

まるごとでも
切ってでも冷凍OK

切らずにそのままポリ袋に入れ、冷凍。もしくは調理しやすい大きさに切って冷凍。

漬 5〜6日間（冷蔵）

🍳 レシピ
「ソーセージとベーコンのピクルス」

材料と作り方
（作りやすい分量）
ソーセージ 50g とベーコン 50g をさっとゆで、水けをしっかりふく。保存容器に酢大さじ 2、砂糖大さじ 1、塩小さじ 1/4、あらびき黒こしょう少々とともに入れ、冷蔵。

ホルモン系

鶏レバー

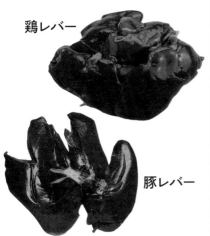

豚レバー

牛レバー

しっかり下処理＆ 下味をつけて冷凍

比較的安く手に入れることができ、ビタミンやミネラルなどの栄養素にも富んだホルモン類は、まとめて加熱調理してから保存するのがおすすめ。濃いめの味つけにしたり、オイル漬けにしたりすれば、さらにおいしさが長もちします。

凍 3〜4週間　**蔵** 3〜4日間

くさみをとるために 下ごしらえは完璧に

熱湯で5分ゆで、流水できれいに洗う。特に血合いはしっかり流す。食べやすい大きさに切り、水けをしっかりふき、ポリ袋にレバー200g、しょうゆ大さじ1を入れ、平らに広げ、冷蔵・冷凍。

🍴レシピ「牛ハツトマト」

材料と作り方（2人分）
❶ゆでて冷凍した牛ハツ200gは薄切りにする。きゅうり1本は乱切り、トマト2個はくし形に切る。セロリ1/2本は斜め切りに、にんにく1かけはみじん切りにする。
❷①のにんにく、ナンプラー・しょうゆ・酒各大さじ1、砂糖小さじ1、こしょう少々をまぜ合わせ、ハツを30分ほどつける。
❸フライパンにサラダ油適量を熱し、②を入れ、いためる。ハツの色が変わったら、きゅうりとセロリを加え、しんなりするまでいため、トマトを加え、いため合わせる。

漬 4〜5日間

🍴レシピ「レバーのオイル漬け」

材料と作り方（作りやすい分量）
❶レバー200gを熱湯で5分ゆでて流水で洗い、あら熱がとれたら食べやすい大きさに切って中の血合いなどをきれいに洗い流す。❷水けをよくふいて消毒した保存びんに入れ、ごま油（肉がかぶるくらいの量・好みのオイルでも可）、塩小さじ1/2、赤とうがらし1本、しょうがの薄切り3枚を加える。

ホルモン系
砂肝

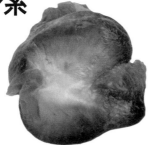

レシピ
「砂肝のオイル漬け」

材料と作り方（作りやすい分量）

❶砂肝 200g は熱湯で 5 分ゆで、流水で
きれいに洗って薄切りにする。❷水けを
よくふいたら、消毒した保存びんに入れ、
オリーブ油（肉がかぶるくらいの量）、塩
小さじ 1/2、あらびき黒こしょう少々を
加えて冷蔵室で半日ほど漬け込む。好みで
赤とうがらしやにんにく、しょうがなどの
香味野菜をいっしょに漬けてもおいしい。

凍 3〜4週間　**蔵** 3〜4日間

この手順でくさみもなくやわらかに

熱湯で 5 分ゆで、流水できれいに洗い、薄切りにす
る。水けをしっかりふき、ポリ袋に砂肝 300g、ごま
油大さじ 1、塩小さじ 1/2 を入れ、平らにし、冷凍・
冷蔵。

レシピ
「砂肝のオニオンサラダ」

材料と作り方
（作りやすい分量）

❶赤たまねぎ適量（普通のたまねぎでもよ
い）は薄切りにして水にさらし、水けをき
る。❷砂肝のオイル漬け適量とあえる。

漬 4〜5日間（冷蔵）

レシピ
「砂肝の酢漬け」

材料と作り方
（作りやすい分量）

❶砂肝 300g は熱湯で 15 分ゆ
で、さっと洗って水けをふく。
❷①を薄切りにして保存容器に
入れ、しょうがのせん切り 1
かけ分、酢大さじ 4、しょうゆ
大さじ 1 を加えてざっとまぜ、
半日ほど冷蔵室で漬け込む。

第5章

乳製品・卵

乳製品・卵保存の基本

　　乳製品の普及は冷蔵室の普及とともにあったといわれるほどで、品質が劣化しやすい乳製品は、低温での管理が基本になります。持ち運びや調理で使う際も、なるべく常温にさらす時間は短くし、できるだけ早く冷蔵室に戻すことを心がけましょう。

冷蔵	開封したら賞味期限は関係なし。早めに使いきって

　　賞味期限とは、「容器を開封しない場合に品質が変わらずおいしく食べられる期限」のこと。開封後はできるだけ早く消費するようにと記載されていますが、実際はどれくらい日もちするのでしょうか？

　　まず牛乳の場合、開封後は賞味期限の余裕があっても5日以内には使いきるようにしましょう。ヨーグルトはカビが生えやすいため、開封してから品質が保持されるのは、しっかりと密閉した場合で2〜3日といわれています。乳脂肪分の多い生クリームはさらに劣化しやすく、できれば開封したら当日中に使いきるのが理想。長くても2〜3日が限度でしょう。以上の日数中に使いきれない場合は、冷凍保存がおすすめです。

冷凍 | 基本的にすべて冷凍保存OK！ 分離を防ぐのがコツ

　乳製品は冷凍保存も可能ですが、風味が変化したり油分と水分が分離したりするので、加熱調理に使用したり、分離を防ぐ砂糖を添加するなどの工夫が必要になります。

製氷皿で

牛乳は製氷皿に入れ、しっかり凍らせたあとにポリ袋などに入れて冷凍室で保存しておくのが便利。風味が変化するので、加熱調理用に使うか、飲み物に氷として加えて使うのがおすすめです。

砂糖やジャムをまぜ込んでから冷凍

ヨーグルトや生クリームは、そのまま冷凍すると油分と水分が分離するため、保水効果のある砂糖をまぜ込んでから凍らせるのがよいでしょう。生クリームはホイップ状にし、ヨーグルトはジャムなどをまぜ込むのもおすすめです。

牛乳

凍 1カ月（調理ずみのもの）

少しかために作れば
料理のバリエーションがふえる

ホワイトソースにし、ラップで
包み、ポリ袋に入れ、冷凍。
- クリームコロッケ、グラタン、
  クリームシチューなど活用
  法はさまざま。
- そのまま冷凍するなら製氷
  器を使うのが◎。

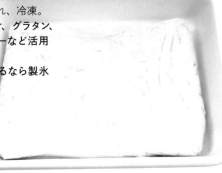

牛乳は調理して
冷凍保存が便利

牛乳とは乳牛から得られる生
乳のことで、多くは脂肪成分
を均一化するホモジナイズ処
理、加熱殺菌処理を経て市
場に出回ります。開封したも
のは、賞味期限にかかわら
ず5日以内に消費するのが
ベスト。使いきれなかった分
は、調理して冷凍保存するの
が便利。

ちょっとかためのホワイトソースの作り方

❶なべにバター20gをとかし、小麦粉20gを加え、よくまぜ
合わせ、弱火で2〜3分加熱する。❷牛乳1と1/2カップを
少しずつ加え、のばしていく。❸そのまま3〜4分加熱し、塩
小さじ1/2、こしょう少々で味をととのえる。❹あら熱がとれ
たらラップで包み、バットに入れ、冷めたら冷凍室へ。料理
によって牛乳や水をプラスして濃度を調整し、調理に使用。

🍴レシピ「牛乳おじや」

材料と作り方（2人分）
❶ベーコン2枚は細切りにし、ミニトマト4個は半分に切る。たま
ねぎ1/4個はみじん切りにする。❷なべにごはん90gと①、冷凍
牛乳1カップ分、水1/2カップを入れ、まぜ合わせる。中火で煮
立たせたら弱火にし、ふたをして煮る。❸汁けがひたひたになったら、
みそ小さじ1、塩少々で調味し、軽く煮る。❹器に盛り、粉チーズ・
刻んだパセリ各少々を振る。

栄養素（可食部100gあたり）

エネルギー	—	61kcal
たんぱく質	—	3.0g
脂質	—	3.5g
無機質　カルシウム	—	110mg
鉄	—	0mg
ビタミンA　β-カロテン当量	—	6µg
B₁	—	0.04mg
B₂	—	0.15mg
C	—	1mg

開封後使いきりの目安

開封した牛乳は、賞味期限にかかわらず5日以内に使いきる
のがベスト。

生クリーム

動物性と植物性では冷蔵の保存期間が違う

生クリームとは牛乳から乳脂肪分以外の成分を除去し、脂肪分を18.0%以上に高めたもののこと。開封したあとの劣化が早いので、できれば当日中、長くても2～3日以内には使いきりましょう。冷凍すると舌ざわりが変わるので、加熱料理への使用がおすすめ。

栄養素（可食部100g あたり）

エネルギー		404kcal
たんぱく質		1.6g
脂質		39.6g
無機質	カルシウム	49mg
	鉄	0.1mg
ビタミンA	β-カロテン当量	110μg
	B₁	0.02mg
	B₂	0.13mg

凍 1カ月

加熱調理に使用

砂糖をまぜ、保存容器に入れ、冷凍。
● スープのコクをつけるときにも重宝。

ホイップし冷凍したものはそのまま使用可能

コーヒーに浮かべたり、パンケーキに添えたり。ホイップし、しぼったものを冷凍すればおもてなしにも使用できるキュートなデザートが完成。

冷凍をそのまま食べてもおいしい

砂糖を加えホイップして冷凍した生クリームはアイスのよう。砂糖のかわりに好みのジャムをまぜれば見た目もかわいいアイスが完成。生クリーム1/2カップに砂糖小さじ2（ジャムの場合は大さじ1）が目安。

🐻 レシピ
「手作りブルーベリーアイス」

材料と作り方
保存容器に冷凍生クリーム1/2カップ分、ブルーベリージャム大さじ2、レモン汁少々を入れてまぜ、冷凍室で冷やし固める。

蔵 3日間（開封後）

開封前の保存期間の違い

開封後は動物性も植物性も冷蔵保存の日もちは3日程度。開封前の植物性は1～2カ月、動物性は1週間程度（両方ともパックに記載されているとおり）とまったく違うので注意が必要。

ヨーグルト

冷凍はそのまま
食べてもおいしい

生乳を乳酸発酵させたもの。ヨーグルトに含まれる乳酸菌は生きているため、10度以下の低い温度で保存することで活動が抑えられ、製造時の風味を保つことができます。空気中の雑菌がカビの原因になるため、しっかりとふたを閉めて保存を。

栄養素（可食部100g あたり）
プレーン

エネルギー		56kcal
たんぱく質		3.3g
脂質		2.8g
炭水化物		3.9g
無機質　カルシウム		120mg
ビタミンA　β-カロテン当量		
		3μg
	B₁	0.04mg
	B₂	0.14mg
	C	1mg

凍 1カ月

フローズン
ヨーグルトが完成

プレーンヨーグルト1/2 カップに対して、砂糖大さじ1を加えて保存容器に入れ、冷凍。

料理の下味にも活用できる

鶏肉 200g をプレーンヨーグルト大さじ2、カレー粉小さじ1、塩小さじ1/2、トマトケチャップ大さじ1とともに袋に入れて冷凍。野菜といっしょに鶏肉を中火で10分焼けば、簡単にタンドリーチキンが完成。

🍴レシピ「アンチョビーディップ」

材料と作り方（作りやすい分量）
❶冷凍プレーンヨーグルト 250g はざるに厚手のキッチンペーパーを敷いた上にのせ、3時間以上水けをきる。❷①とアンチョビー3枚、おろしにんにく1/2 かけ分、こしょう・ドライパセリ各適量をよくまぜる。クラッカーなどにつけて食べる。

漬 2〜3日間（冷蔵）

🍴レシピ「ヨーグルト塩麹漬け」

材料と作り方（作りやすい分量）
❶パプリカ（赤）1/2 個、セロリ1/2 本、きゅうり1本は乱切りにする。❷ポリ袋に塩麹大さじ2、プレーンヨーグルト1/4 カップ を入れ、①を加え、手でよくもみ、空気を抜き、袋を閉じる。❸冷蔵室でひと晩おく。冷蔵室で2〜3日保存可能。

ホエーは捨てない

ヨーグルトの上澄みの液体のホエーは、ビタミン、ミネラル、たんぱく質などの栄養をたっぷり含んでいるので、捨てずにまぜて食べよう。

バター

凍	半年	蔵	1カ月

用途に合わせて保存方法を変える

銀紙に包んだままラップで包み、ポリ袋に入れ、冷蔵・冷凍。
使いやすい大きさに切ったバターは保存容器に入れ、冷蔵・冷凍。

普段使いは冷蔵、長期保存は冷凍

牛乳から分離した乳脂肪分を凝固させたもの。未開封のものは3カ月程度もちますが、開封後は早めに使いきるようにしましょう。酸化により劣化するので、できるだけ空気にふれないようにして保存するのがポイント。冷凍保存も可能です。

料理に大活躍！
いろいろなバターを作って保存

それぞれ冷凍すれば1〜2カ月、冷蔵なら3〜4週間保存可能。

ハーブ
バター

なめらかにしたバター20gとみじん切りにしたハーブ（またはドライハーブ）小さじ1/2をまぜ合わせる。

ガーリック
バター

なめらかにしたバター20gとみじん切りにしたにんにく小さじ1/2をまぜ合わせる。

栄養素（可食部100g あたり）
有塩バター

エネルギー	700kcal
たんぱく質	0.5g
脂質	74.5g
無機質　カルシウム	15mg
鉄	0.1mg
ビタミンA　β-カロテン当量	190μg
B₁	0.01mg
B₂	0.03mg

卵

洗わず保存、が
長もちの秘訣

スーパーなどでは常温で売られていることもありますが、家庭では10度以下の冷蔵室で保存を。冷蔵室のドアポケットについている卵ホルダーでの保存は、温度変化やひび割れの危険性からおすすめできません。

常温	冷蔵	乾燥	冷凍
△	○	×	○

蔵 3週間

卵は温度変化に弱い

とがったほうを下にし、冷蔵。ドアポケットではなく、卵の温度があまり変わらない場所に保存。冷蔵室内のほかの食材の安全のため、卵が直接ほかの食材にふれないよう、パッケージごと保存。洗って保存するのはNG。

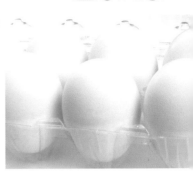

漬 3〜4日間（冷蔵）

🎵レシピ「みそ漬け」

材料と作り方（作りやすい分量）
❶なべに湯を沸かし、冷蔵室から出したての卵5個をそっと入れて6分ゆでて水で冷やす（ゆで時間は好みでかげんしてもよい）。❷ポリ袋などに殻をむいた①を入れ、**基本のみそ床（p.8参照）**大さじ5を加える。全体になじませ、袋の空気を抜いて冷蔵室で保存する。半日以上たったころから食べられる。

調理してから
冷凍保存はできる？

卵焼きは冷凍するとぼそぼそとした食感になってしまう。それを防ぐための卵焼きの作り方は、卵1個に対して、砂糖小さじ1/2、マヨネーズ小さじ1をまぜ、中までしっかり火を通す。冷凍してもやわらかな食感を保つ。2週間ほどで食べきる。

ゆで卵は長もちしない

ゆで卵は傷みやすく冷凍に不向き。冷蔵室でも2日ほどしかもたないので注意。

栄養素（可食部100gあたり）
エネルギー	——————	142kcal
たんぱく質	——————	11.3g
脂質	——————	9.3g
無機質	カルシウム —	46mg
	鉄 ——————	1.5mg
ビタミンA	β-カロテン当量	
	——————	1μg
	B₁ ——————	0.06mg
	B₂ ——————	0.37mg

レシピ「ミニ目玉焼き」

材料と作り方（冷凍卵 1 個分）
❶冷凍卵 1 個は流水に当てながら殻をむく。❷包丁で縦 4 等分に切る。❸②を凍った状態でサラダ油小さじ 1/4 を引いたフライパンに並べ、弱火で焼く。全体に火が通ったらでき上がり。

レシピ「温泉卵」

材料と作り方（冷凍卵 1 個分）
❶冷凍卵は流水に当てながら殻をむく。❷耐熱容器に①と水大さじ 1 を入れて電子レンジで 30 秒加熱し、様子を見ながらまんべんなく色が変わるまで 10 秒ずつ加熱する。

凍 | 2〜3週間

冷凍することで黄身がもっちり。いろいろな料理に活用できる

卵を殻つきのまま、ポリ袋に入れて冷凍保存。この際、卵を洗わないように注意。卵白と卵黄を分けて冷凍することもできる。温度変化の少ない冷凍室の奥のほうに保存する。

レシピ「卵かけごはん」

材料と作り方（1 人分）
❶冷凍卵 1 個を沸騰したお湯に入れて、ふたをして 1 分加熱。火を止め 5 分待ってから冷水で冷やす。❷①を熱々のごはんにのせ、好みでしょうゆなどをかけて食べる。

チーズ

よく使うなら
冷蔵、
あまり使わないなら
冷凍

牛や山羊、羊などの家畜の乳から作られる加工食品。フレッシュタイプ、熟成タイプなどさまざまな種類があり、それぞれに適した方法で保存するのがポイントです。

栄養素（可食部100g あたり）
プロセスチーズ
エネルギー ———— 313kcal
たんぱく質 ———— 21.6g
脂質 ———————— 24.7g
無機質 カルシウム — 630mg
　　　 鉄 ————— 0.3mg
ビタミンA β-カロテン当量
　　　　　　　———— 130μg
　　　 B₁ ———— 0.03mg
　　　 B₂ ———— 0.38mg

栄養素（可食部100g あたり）
カマンベールチーズ
エネルギー ———— 291kcal
たんぱく質 ———— 17.7g
脂質 ———————— 22.5g
無機質 カルシウム — 460mg
　　　 鉄 ————— 0.2mg
ビタミンA β-カロテン当量
　　　　　　　———— -μg
　　　 B₁ ———— 0.03mg
　　　 B₂ ———— 0.48mg

凍　1〜2カ月

種類によって保存方法も期間もさまざま

チーズはラップで包み、ポリ袋などに入れてしっかり密閉し冷凍。

蔵　1〜2週間

容器で保存することでグンと使いやすく

保存容器などに移してふたをして冷蔵。

漬　3週間

🎭 レシピ「ハーブオイル漬け」

材料と作り方（作りやすい分量）
❶好みのチーズ（モッツァレラ、カマンベールなど）100g は食べやすい大きさに切って保存容器に入れる。❷①にドライハーブ（バジル、オレガノなど）小さじ ½ 〜1と基本のオイル床（p.112参照）を注ぎ、冷蔵室で1日以上おく。

🎭 レシピ「チーズと野菜の塩漬け」

材料と作り方（作りやすい分量）
❶キャベツの葉（大きめ）4枚は4等分に切り、セロリ 1/2 本は6㎝長さに切って縦半分に切る。チェダーチーズ80g は6㎝長さの棒状に切る。❷キャベツとセロリを合わせ、塩小さじ 1/3 を振る。❸深めのバットや保存容器などにチーズとキャベツ、セロリを重ね、重しをして数時間〜ひと晩漬ける。

第6章

穀物・大豆

穀物・大豆保存の基本

　冷蔵室が発明されるはるか昔から、長もちする食材として重宝されてきた乾物や穀物。もちろん常温での保存が可能ですが、油断は禁物。多種多様な食材にあふれる現代では、どうしてもあと回しにしてしまいがちで、気づけば劣化が進んでいたということも多いのではないでしょうか。現代の住宅事情はさまざまなので、ひとくちに常温保存といっても、食材に適した環境かどうかは一概にいえません。おいしさと栄養がぎゅっと詰まった乾物の力を最大限利用するためにも、劣化を防ぐコツをもう一度おさらいしておきましょう。

常温　赤とうがらしで虫予防！

　乾物はすべて常温保存が基本ですが、「湿気」「虫」「におい」「光」から守る必要があります。シンクの下は食材置き場として便利でも、冬場も湿気がこもりやすいため保存場所には向きません。虫害から守るためには、保存容器に入れてしっかりと密閉しておくのがたいせつ。種類によってはポリ袋を食い破る虫もいるので、プラスチック容器などに入れるのが安心でしょう。乾燥した赤とうがらしを入れておくと、虫がつきにくくなります。乾物にはにおいを吸着しやすい性質があるので、洗剤などのにおいの強いものを近くにおかないように注意が必要です。

保存容器

　豆や粉物は、湿気を吸収しやすくカビやダニの発生もあります。ダニは0.3mmほどで、気づかずに食べてしまうとアレルギーの要因にも。ゴムパッキンのついた保存びんがおすすめです。

冷蔵　粉物も冷蔵保存

　常温で食材の保存に適した場所がないときは、冷蔵保存でもOK。その場合は、温度変化による結露を防ぐためにしっかりと密閉し、使うときは密閉したまま常温にもどしてから開封しましょう。

冷凍　小分けにして使いやすく

　乾物を一度にたくさんもどして使いきれなかった場合は、冷凍保存が可能です。使いやすい分量ずつ小分けにし、1カ月以内には使いきるようにします。

米

胚芽米

うるち米

玄米

分づき米

1カ月で使いきれる量を目安に購入

18度以上で湿度が高いと虫がつきやすくなるため、直射日光が当たらず、温度と湿度の低い場所で保存するようにしましょう。また、米には無数の小さな穴があり、においを吸着しやすい性質があるため、近くににおいの強いものをおかないこともポイントです。以上の条件を守って保存しても、精米した米は常に劣化が進んでいます。普段の消費量に合わせて、およそ1カ月くらいをめどに使いきれる量を買い求めるとよいでしょう。

栄養素 (可食部100g あたり)
精白米

エネルギー	——————	342kcal
たんぱく質	——————	5.3g
脂質	——————	0.8g
炭水化物	——————	83.6g
無機質　カルシウム	—	5mg
鉄	——————	0.8mg
ビタミンA β-カロテン当量		
	——————	(0) μg
B_1	——————	0.08mg
B_2	——————	0.02mg

常 1〜2カ月

湿気は厳禁。米にカビが生えてしまう

米びつや保存容器などに入れ、冷暗所に保存。もしくは冷蔵室の野菜室で保存する。

凍 3カ月

長く家をあけるときなどに便利

あらかじめ使う分量に小分けし、ポリ袋に入れて冷凍。

ごはん・もち

凍　1〜2カ月（もち）

もちは1個ずつラップに包み、ポリ袋で冷凍

解凍せずにそのまま焼いたり、
煮たりできる。

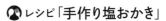

凍　1カ月（ごはん）

1〜2日なら冷蔵、それ以上は冷凍

ごはんが熱いうちに保存容器に移し、冷まして冷凍。水分が逃げず、解凍してもふっくらおいしいまま。

🍴レシピ「使いきり酢飯」

材料と作り方（作りやすい分量）
❶冷凍ごはん300gを電子レンジで4分加熱する。❷熱々のごはんに酢大さじ2、砂糖大さじ1、塩小さじ1/2をまぜ、冷ます。

🍴レシピ「手作り塩おかき」

材料と作り方（もち1個分）
❶冷凍したもち1個を薄く切る。❷180度の揚げ油で3分ほど全体がきつね色になるまで揚げる。❸塩ひとつまみをパラパラと振る。

大豆

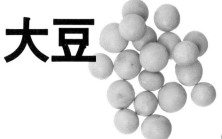

黒大豆

黒豆とも呼ばれるが大豆種。煮豆、黒大豆納豆や黒大豆豆腐も作られている。アントシアニンをはじめとするポリフェノールが豊富。

打ち豆

蒸した大豆を平たくつぶして乾燥させたものが「打ち豆」。煮るとよいだしが出るのも特徴。

青大豆

青緑～緑色をした大豆の種類。きな粉や煮豆に使われることが多いが、青大豆納豆もふえている。

ゆで大豆は短期保存、乾燥大豆は長期保存

良質なたんぱく質とビタミンB群をはじめ、カリウムやカルシウム、鉄、マグネシウムなどのミネラル類も豊富に含みます。乾燥大豆は、高温、多湿、直射日光を避けて保存すれば2年ほどもつとされています。水煮にしたものは、冷蔵や冷凍で保存することが可能です。

栄養素（可食部100g あたり）

エネルギー		372kcal
たんぱく質		32.9g
脂質		18.6g
炭水化物		28.5g
無機質	カルシウム	180mg
	鉄	6.8mg
ビタミンA	β-カロテン当量	7μg
	B$_1$	0.71mg
	B$_2$	0.26mg
	C	3mg

蔵 2～3日間（ゆでて）

ゆで大豆は早めに使いきって

ゆで大豆は汁ごと密閉容器に入れ、冷蔵。

ゆで大豆の作り方

乾燥大豆を洗い、豆の5倍量の水にひと晩つける。その水ごとなべに入れ、沸騰したら弱火にして1時間煮る。

干　2週間（いって）

いり大豆にして保存

大豆 100g を洗って水けをきり、フライパンで皮が破れて色づくまで弱火で 10 〜 15 分いる。

漬　1カ月（冷蔵）

レシピ「酢大豆」

材料と作り方（作りやすい分量）
❶乾燥大豆 200g を洗って水けをきり、皮が破れて色づくまで弱火でいる。❷あら熱がとれたら密閉容器に移して酢 1 と 1/2 カップを加え、ふたをして冷蔵室で保存する。❸2 日ほどたったころに様子を見て、大豆がふくらんで酢が減っていたら、大豆がかぶるくらいの酢を加える。3 日ほど漬けたら完成。

● おやつがわりに 1 日 10 粒程度を目安に。おなかがふくらむので食べすぎに注意。
● あえ物や酢の物などに活用できる。

凍　1カ月

冷凍はしっかり水けをきることがポイント

ゆで大豆は水けをきり、ポリ袋に入れて冷凍。

レシピ「具だくさん干し大根の煮物」

材料と作り方（作りやすい分量）
❶フライパンにだし1カップ、めんつゆ（3倍濃縮）大さじ2を入れ、ひと煮立ちさせる。❷みそをまぶして冷凍した豚肉 50g（p.196 参照）、ゆでて冷凍した大豆 50g、ゆでて食べやすく切ったたけのこ 50g、乾燥させた大根（切り干し大根でも可）10g を入れ、汁けがなくなるまで煮込む。

レシピ「ハムと大豆のトマト煮」

材料と作り方（2 人分）
❶厚切りハム 2 枚とベーコン 2 枚は 1cm角に切り、たまねぎ 1/2 個とにんにく 1 かけはみじん切りにする。❷なべにオリーブ油大さじ 1/2 を熱し、にんにく、ベーコンを入れて中火でいためる。❸薄く色づいたら、たまねぎを加え、いため合わせる。❹❸にゆでて冷凍した大豆 200g とトマト 200g、固形スープ（コンソメ）1/2 個を加え、トマトをつぶす。煮立ったら、弱火にし、10 分ほど煮る。❺ハムを加え、2〜3分煮て塩・こしょう各少々で調味する。

雑穀

冷暗所で保存が基本

一般的に、米と麦を除いた穀類を雑穀と呼びます。白米だけでは不足しがちな微量栄養素や食物繊維を補うため、ごはんにまぜて炊き上げる使い方が人気。スープや煮物などに加えてもよいでしょう。高温、多湿、直射日光によって劣化するので、湿度の低い冷暗所で保存するのがポイント。夏場などに常温で放置すると虫がつく可能性があります。

栄養素 (可食部100g あたり)
五穀
エネルギー	—	357kcal
たんぱく質	—	10.3g
脂質	—	2.8g
炭水化物	—	75.6g
無機質 カルシウム	—	30mg
鉄	—	2.0mg
ビタミンB$_1$	—	0.34mg
B$_2$	—	0.07mg

常 1〜2カ月

湿気は厳禁

密閉容器に入れ、冷暗所か冷蔵庫の野菜室に保存。

🍳レシピ「豚肉の雑穀スープ」

材料と作り方 (2人分)
❶豚薄切り肉 200g を食べやすい大きさに切り、塩麹小さじ 2、こしょう少々をまぶして 30 分おく。だいこん 100g とにんじん 1/3 本は食べやすい大きさに切る。❷なべに①と雑穀大さじ 2、水 3 カップを加えて火にかけ、沸騰したら弱火にし、だいこんとにんじんがやわらかくなるまで煮る。

雑穀は栄養満点

白米とまぜることで、栄養素や食物繊維を補える。

豆腐

冷凍すると弾力のある食感に

豆乳をにがりで凝固させた食材で、木綿や絹ごし、おぼろなどの種類があります。木綿はたんぱく質が豊富、絹ごしは木綿にくらべてたんぱく質は少ないものの、水溶性ビタミンを豊富に含んでいます。使いかけで残った豆腐は、買ったときと同様、水につけて冷蔵保存するのが基本。冷凍保存もできますが、食感が変化するため、煮物などの加熱料理に使うのがおすすめです。

栄養素（可食部100g あたり）
木綿豆腐

エネルギー	73kcal
たんぱく質	6.7g
脂質	4.5g
炭水化物	1.9g
無機質　カルシウム	93mg
鉄	1.5mg
ビタミンB₁	0.09mg
B₂	0.04mg

凍 3〜4週間

使いやすい大きさに切ってすばやく冷凍

1cm幅に切り、水けをしっかりきってポリ袋に入れ、冷凍。

冷凍した豆腐は、肉のような食感に

冷凍した豆腐は弾力があり、まるで肉のような食感になることから、肉のかわりに使用して、とんカツ風やハンバーグなどさまざまな料理に活用できる。

蔵 4〜5日間

ラップをかけ、水は毎日かえる

水を張った容器に入れ、冷蔵。

漬 1週間（冷蔵）

みそ漬け

❶豆腐1丁はキッチンペーパーなどで包んで重しをし、30分ほど水きりし、1cm幅に切る。
❷ラップを広げ、基本のみそ床（p.8 参照）大さじ4のうちから少量を塗り、豆腐と残りのみそ床を交互に重ねる。ポリ袋に入れ、空気を抜く。冷蔵室で半日以上おく。

🧑 レシピ「みそ漬けこんがり焼き」

材料と作り方（2〜3人分）
オーブントースターにアルミホイルを敷き、みそ漬け豆腐1丁分を並べ、こんがりと焼き目がつくまで焼く。

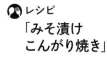

納豆

凍	3〜4週間	蔵	1週間

乾燥を防ぐために
密閉して保存

パックごとポリ袋に入れ、
冷凍。

💧 解凍方法
冷蔵室に移すか電子レンジで 10 〜 20 秒加熱。

🍳 レシピ「玄米納豆チャーハン」

材料と作り方（2人分）
❶ごぼう 15cm、にんじん 1/3 本は 5mm角に切る。万能ねぎ4本は
みじん切りにする。❷フライパンにごま油大さじ 1/2 を熱し、冷凍
納豆1パックととき卵1個分を入れていため、卵がふわりとしたらと
り出す。❸②のフライパンにごま油大さじ 1/2 を熱し、①を入れて
いため、炊いた玄米を加え、②を戻し入れて玄米がパラパラになっ
たら、しょうゆ大さじ 1 と 1/2、塩・こしょう各適量で調味する。

10 度以上で
再発酵が進む。
冷蔵室または冷凍室で

やわらかく蒸した大豆を納豆菌に
よって発酵させたものです。10 度以
上で再発酵が進んでしまうため、冷
蔵室で保存するのが基本。また、乾
燥を防げば冷凍保存も可能です。

栄養素（可食部100g あたり）
糸引き納豆

エネルギー	———	184kcal
たんぱく質	———	14.5g
脂質	———	9.7g
炭水化物	———	9.8g
無機質　カルシウム	—	91mg
鉄	———	3.3mg
ビタミンB$_1$	———	0.13mg
B$_2$	———	0.30mg

油揚げ

凍	3〜4週間	蔵	4〜5日間

冷凍は解凍なしでも包丁で簡単に切れる

1枚ずつラップで包み、ポリ袋に入れ、冷凍・冷蔵。もしくは使いやすい大きさに切り、ポリ袋に入れ、冷凍・冷蔵。

冷蔵室のにおいが移らないように密閉

薄切りにした豆腐を油で揚げた食材。冷蔵での賞味期限は短めなので、すぐに使いきれない場合は冷凍保存がおすすめ。未開封ならパッケージのままでもポリ袋に入れて冷凍できます。

開封なら
ポリ袋で冷凍

パッケージに目に見えない小さな穴があいていることがあるので、ポリ袋に入れて冷凍しましょう。

栄養素 (可食部100g あたり)

エネルギー	377kcal
たんぱく質	23.0g
脂質	31.2g
炭水化物	1.8g
無機質　カルシウム	310mg
鉄	3.2mg
ビタミンB$_1$	0.06mg
B$_2$	0.04mg

😊 レシピ
「油揚げの
カマンベールエッグ」

材料と作り方 (2 人分)

❶カマンベールチーズ 1/4 個は半分に切り、こしょう少々を振る。❷冷凍油揚げ1枚を熱湯で油抜きして解凍し、半分に切る。ボウルに卵1個を割りほぐす。❸油揚げの切り口を開き、チーズととき卵の半量を入れ、切り口をつまようじでとめる。同じものをもう一つ作る。❹フライパンを熱し、③を入れ、両面をこんがりと焼く。

小麦

ブラン

小麦胚芽

小麦胚芽はたんぱく質や食物繊維、ビタミンやミネラルが豊富。胚芽粉やフレーク、クッキーなどが健康食材として注目されている。胚芽油は、リノール酸やオレイン酸が主成分で、ビタミンEも含み、化粧用オイルとしての利用も。

薄力粉

全粒粉

冷凍しても凍らない

小麦胚乳を粉にしたものが小麦粉で、たんぱく質の含有量が多い順に強力粉、中力粉、薄力粉に分類されます。表皮とともに製粉したものは全粒粉といい、栄養成分が多く含まれています。消費期限は長めでも、開封すると劣化が早まるので、1〜2カ月をめどに使いきるのがよいとされています。

栄養素（可食部100g あたり）
薄力粉

エネルギー	349kcal
たんぱく質	7.7g
脂質	1.3g
炭水化物	82.8g
無機質 カルシウム	20mg
鉄	0.5mg
ビタミンA β-カロテン当量	−μg
B₁	0.11mg
B₂	0.03mg

常温	冷蔵	乾燥	冷凍
○	△	×	○

常 6カ月

においや湿気防止のために
しっかり密閉

袋の口をしっかり閉じ、密閉できる容器に入れ、冷暗所に保存。冷蔵庫で保管もできるが、結露の発生やにおい移りに要注意。

🍳 レシピ「赤チヂミ」

材料と作り方（2人分）
❶長ねぎ 1/4 本分は斜め薄切りにする。❷ボウルに上新粉 40g、小麦粉 50g、卵 1 個、粉とうがらし大さじ 2、塩少々、砂糖小さじ 1/2、しょうゆ小さじ 2、水 1/2 カップをまぜ合わせて①を加え、水分が足りないようなら、水少々を加える。❸フライパンにごま油大さじ 1 を熱し、②を流し入れ、両面をこんがりと焼き、ごま油大さじ 1 を生地の周囲に回しかけ、さらに 3 分ほど焼く。❹食べやすい大きさに切り、器に盛り、しょうゆ・酢各大さじ 1、いり白ごま小さじ 1/2、ねり白ごま小さじ 1 をまぜ合わせてたたれをつけて食べる。

第7章

調味料・
その他

しょうゆ

常温	冷蔵	乾燥	冷凍
○	○	×	×

濃口

大豆にほぼ同量の小麦をまぜて作る。調理、卓上と幅広く利用される。

薄口

京料理によく使われる。塩分は濃口よりやや高め。

たまり

とろみと濃厚なうまみ、独特の香りが特徴。主産地は中部地方。

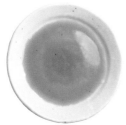

白

薄口よりさらに色が琥珀色で淡泊だが甘みが強い。主産地は愛知県。

光と熱に弱い

しょうゆは酸化によって劣化するので、開封したら1カ月を目安に使いきるのがポイント。使うペースに合わせた容量のものを買い求めるようにしましょう。また、光と熱にも弱いので、冷暗所におくか、適した場所がない場合は冷蔵室で保存を。新鮮なしょうゆは赤みを帯びて透明感がありますが、劣化するにつれて黒みが濃くなり、透明感も失われていきます。

酢

常温	冷蔵	乾燥	冷凍
○	○	×	×

冷暗所か冷蔵室で保存

酢は食材保存用にも使われるため、腐るということはありませんが、開封してから時間がたつと風味は劣化します。また、種類によって保存期間に差があるので注意が必要です。冷暗所で保存できますが、冷蔵室で保存すればより品質が長もちします。

米酢

米が原料。酸味、甘み、うまみとコクがある。

穀物酢

麦や大麦、とうもろこしなどが原料。クセがない。

黒酢

原料は玄米（一部は麦）。味わいが濃く、中国料理に。

バルサミコ酢

ワインを原料とするイタリア独特の酢。価格高め。

りんご酢

フルーティーで軽い味。マリネやドレッシングに。

ワインビネガー

ぶどう果汁が原料で赤と白がある。洋食全般に。

酒

常温	冷蔵	乾燥	冷凍
○	○	×	×

料理酒

アルコールに塩分などを足して調味したもの。低価格で供給。

清酒

米、米麹、水などを原料とする酒。原料や製造法を変えた「料理清酒」もある。煮物、吸い物に。

赤ワイン

さまざまな醸造酒があるが、ブドウが原料のワインもその一つ。

開封後は冷蔵室で

アルコールによる殺菌作用があるため、基本的に腐るということはありませんが、光や温度変化などによって劣化するため、開封後は冷蔵庫で保存するようにしましょう。

みりん

常温	冷蔵	乾燥	冷凍
○	○	×	×

本みりんと
みりん風調味料は
保存法も違う

本みりんは、冷蔵室に入れると糖分が結晶化してしまうため、必ず常温で保存するようにしましょう。逆に、みりん風調味料はアルコール度数が低く劣化しやすいため、冷蔵室での保存がおすすめです。

みりん風調味料

ブドウ糖や水あめに、グルタミン酸、香料を加えたもの。アルコール分は1％未満、糖分は55％以上。

本みりん

もち米、米麹、アルコールから作られる。さまざまな調理効果がある。

発酵調味料

もち米、米麹、アルコールを発酵させたのち、塩を加え、塩分を2％程度にして飲用ではなくなったもの。

砂糖

常温	冷蔵	乾燥	冷凍
○	×	×	×

上白糖
一般的に使われている砂糖。粒の大きさは0.1〜0.2mmとこまかい。

黒糖

サトウキビのしぼり汁をそのまま煮詰めたもの。独特の風味がありミネラルが豊富。

グラニュー糖
粒の大きさは0.2〜0.7mmのサラサラとした結晶で、純度が高くにおいがない。

ザラメ糖

透明の白ザラ糖と茶色の中ザラ糖がある。純度が高く、粒の大きさは1〜3mm。

三温糖
加熱をくり返す製法で、カラメルの香ばしい風味が特徴。

密閉容器に入れて常温保存

砂糖自体が腐ることはありませんが、密閉性の低い容器で保存していると固まってしまうことがあります。一度固まってしまったものは、霧吹きなどで少し湿気を与えてから密閉容器に入れておくとほぐれます。

塩

常温	冷蔵	乾燥	冷凍
○	×	×	×

密閉容器で常温保存

湿気やにおいを吸収しやすいため、乾燥した場所で保存し、洗剤などのにおいの強いものを近くにおかないようにするのがポイントです。固まってしまったものは、フライパンなどでからいりするとサラサラになります。

ぬちまーす

海水から採取した塩。天日で水分をとばし、釜で煮詰めて作られる。イオン膜で濃縮して煮詰めるなど製塩方法はさまざま。

岩塩
もともと海だった土地に見られ、塩分が結晶化したもの。水でとかしたりして製塩される。

常	無期限

密閉容器に入れ、常温（冷暗所）に保存。

みそ

常温	冷蔵	乾燥	冷凍
×	○	×	○

豆みそ

蒸し大豆に麹菌を直接つけ、塩と合わせて長期熟成。豆特有の香り、渋みがある。主産地は愛知、三重、岐阜。

麦みそ

大豆、麦麹、塩で作る、別名「田舎みそ」。甘口の淡色、麦特有の香りと奥深い味わいが特徴。九州地方でよく使われる。

開封後はカビに注意

未開封のものは常温で保存できますが、開封後はカビが発生する可能性があるため冷蔵室か冷凍室で保存します。空気にふれたところから乾燥や酸化が起こり、風味が劣化するため、使いかけのみそは密閉容器に移しかえたうえ、表面にラップをかぶせて保存するのがおすすめ。冷凍しても固まらないので使い勝手は変わりません。

凍	1〜2カ月	蔵	1〜2カ月

数回分を小さめの保存容器に移しかえ、冷蔵・冷凍。風味を損なわず、使いきれる。

ソース

常温	冷蔵	乾燥	冷凍
×	○	×	×

開封後は冷蔵室で保存

ウスターソースとは、野菜や果物などのピュレ、ジュースに、塩、砂糖、酢などの調味料とスパイス類を加えて熟成させた調味料のこと。「要冷蔵」と表示のないソースでも、開栓後は冷蔵室で保存するのが基本です。

ウスター

元祖ソース。野菜や果物の繊維質を、ろ過しているのでサラサラしている。スパイシーで、隠し味に最適。

濃厚

とろみと甘さが特徴のソース。原料の野菜や果物の繊維がとけ、フルーツソースとも呼ばれる。

中濃

関東地方で好まれる。ウスターと濃厚の中間となるソース。とろみ、辛さ、甘さのバランスがよい。

お好み

お好み焼きの生地にのせやすいとろみと、まろやかな味に仕上げられたソース。甘みも強い。

お茶

常温	冷蔵	乾燥	冷凍
○	○	×	○

煎茶

ほうじ茶

玉露

抹茶

番茶

開封後は常温保存

お茶は開封すると変質しやすいため、2週間～1カ月で使いきれる量を買い求めるようにしましょう。保存の際は、高温、多湿、直射日光を避けた常温が基本です。

凍	2カ月～1年（未開封）
蔵	2～4週間（未開封）

袋の口をしっかり閉じて、ポリ袋に入れて保存。未開封は冷凍・冷蔵可能。

コーヒー

常温	冷蔵	乾燥	冷凍
○	○	×	○

長期保存は冷凍室で

コーヒー豆は、高温、多湿、直射日光、酸素などで劣化します。また、粉にひいたものは表面積が大きい分より劣化しやすいので、そのつどひくか、少量ずつ買い求めるようにしましょう。

常	1～2週間

豆でも粉末でも密閉容器に入れ、日の当たらない冷暗所などに保存。

凍	3カ月（未開封）
蔵	1～2週間（未開封）

新鮮なコーヒー豆は真空包装のまま冷凍室

空気が入っている袋などに保存する場合は、使用する分量に小分けして冷凍し、そのつど使用すると、鮮度を保つことができる。

マヨネーズ

常温	冷蔵	乾燥	冷凍
×	○	×	×

全卵型

卵がまるごと使われており、クリーミーなのが特徴。

卵黄型

最も身近なタイプのマヨネーズ。キユーピーでは、マヨネーズ500gにつき卵4個分の卵黄を使用している。

カロリーオフタイプ

カロリーカットタイプのもの。油分が少なく、空気を含ませることでなめらかになっている。

開封後は冷蔵室で保存

未開封のマヨネーズは常温で保存できますが、開封後は冷蔵室で保存し、1カ月をめどに使いきるのがよいとされています。また、0度以下になると油分が分離するため、冷蔵室の中でも冷気が直接当たる場所は避け、ドアポケットなどにおきましょう。

ケチャップ

常温	冷蔵	乾燥	冷凍
×	○	×	×

開封後は冷蔵保存

トマトピュレに砂糖、酢、塩、スパイス類などを加えた調味料。開封前は常温で保存できますが、開封後は冷蔵室で保存し、1カ月程度で使いきるのがよいとされています。

ペースト

トマトを裏ごしして煮詰めた食材。濃縮したうまみがある。煮込み料理に。

ケチャップ

砂糖や酢、スパイスで味つけされているため、保存性にもすぐれている。

ピュレ

ペーストよりも濃度が低くトマトのフレッシュな香りが残っているので、スープやミートソースに。

油

ごま油　焙煎

最もポピュラーなごま油。焙煎してからしぼるので、香ばしいのが特徴。

サラダ油

JAS（日本農林規格）による、定められた材料（菜種や大豆など）を使って認定された工場で作る、低温で放置しても固まらないなどの条件をクリアした油。味や香りにクセがなく幅広い料理に向く。

ごま油　白

白ごまを焙煎せずにしぼったもの。あっさりとしたクセのない油。香りはほとんどないが、コクとうまみがある。

オリーブ油

オリーブ油は果実から得られ、人類が最初に手に入れた油といわれています。主成分がオレイン酸であり、悪玉コレステロールだけを減らし、血糖値上昇の抑制、血圧を下げる効果もあるとされます。エキストラバージンオイルもピュアオイルも加熱してよいですが、価格が高めのエキストラバージンはドレッシングや、ブルスケッタ、バゲットにつけるなど、そのまま使って香りを楽しみましょう。ピュアは油っぽくならないので、揚げ油としても最適。

冷暗所に保存し、酸化に注意

油は光や熱を嫌うため、冷暗所で保存するようにしましょう。また、酸化によっても劣化するため、きっちりと栓を閉めておくことも大切です。余った揚げ油を再び使用する場合は、しっかりこしてから冷暗所で保存し、できるだけ早く使いきるようにします。

油を無駄にしない揚げ物のコツ

フライパンの底から5mm～1cm程度の量でも揚げ物ができる。コツは、具材を入れて片面の衣が固まるまでさわらないこと。さわると油の温度が下がり、きれいに揚がらない。すべての材料が揚がり終わるころに、ちょうど油がなくなるので、無駄が出ない。揚げ油を残すと、酸化しやすく体にもよくないので、できるだけ使いきれる量で揚げるのがコツ。

保存の早見表

食材ごとに「保存法」「保存期間」には、差があります。
それぞれの特徴や味の変化も想像しながら活用してください。

野菜	可食部	常温	冷蔵	乾燥	冷凍	ページ
アスパラガス	98%	△	○ 5日間(生)/4日間(ゆで)	△	○ 1カ月	106
えだまめ	50%	△	△ 2~3日間	×	◎ 1カ月	52
オクラ	100%	×	△ 4日間	○	○ 1カ月	38
かぶ	100%	◎ 2日間(冷暗所)	○ 10日間	○	◎ 1カ月	58
かぼちゃ	90%	○ 2カ月(まるごと)	○ 1週間	×	○ 1カ月	42
カリフラワー	98%	△ 1日	○ 10日間	△ 3日間(冷蔵)	○ 1カ月	103
きのこ類	99%	×	○ 2週間	◎ 1カ月(冷蔵)	○ 1カ月	72
キャベツ	100%	△	○ 20日間(カット)	×	○ 1カ月(カット)	76
きゅうり	100%	○ 4日間	○ 1週間	◎ 2週間(冷蔵)	○ 2週間	44
くり	80%	△ 2日間	◎ 3日間	◎	◎ 3カ月	116
グリーンカール	100%	×	○ 2週間/1週間(ちぎって保存)	×	○ 3週間	81
グリーンピース	60%	△	○ 10日間(生)/3日間(塩ゆで)	×	◎ 1カ月(生)/2週間(塩ゆで)	37
くるみ	100%	○ 半年(冷暗所)	○ 半年	×	○ 1年	55
クレソン	100%	△	◎ 1週間	△	○ 1カ月	97
ごぼう	98%	○	◎ 2週間	◎ 1カ月(冷蔵)	○ 1カ月	64
こまつな	100%	×	○ 1週間	×	○ 1カ月	86
さつまいも	99%	○ 1カ月	○ 3週間	◎ 1週間	○ 1カ月	114
さといも	100%	○ 1カ月(秋~冬)	○ 2週間(皮つきまるごと)	×	◎ 1カ月(皮つきまるごと)	68
サニーレタス	100%	×	○ 2週間/1週間(ちぎって保存)	×	○ 3週間	80
さやいんげん	98%	△	○ 10日間	△	○ 1カ月	34
さやえんどう	90%	△	○ 10日間	×	○ 1カ月	36
山菜	98%	△	○ 3日間	○	○ 1カ月	118
ししとうがらし	99%	△	○ 10日間	○	◎ 1カ月	32
しそ	100%	△	◎ 10日間	○ 1カ月(冷蔵)	○ 3週間	94
じゃがいも	100%	◎ 1カ月(秋~冬)	○ 2週間(皮つきまるごと)	×	○ 1カ月(皮つきまるごと)	70
しゅんぎく	100%	×	○ 5日間	×	○ 1カ月	89
しょうが	99%	○ 5日間(まるごと)	○ 2週間	◎ 半年(冷蔵)	◎ 1カ月	113

	可食部	常温	冷蔵	乾燥	冷凍	ページ
ズッキーニ	100%	△	○ 10日間（まるごと）	○	○ 1カ月（まるごと）	49
スプラウト	90%	○	○ 5日間	×	○ 3週間	111
セロリ	100%	○ 2日間	○ 5~7日間	○ 1週間（冷蔵）	○ 1カ月	107
そらまめ	60%	△	△ 2~3日間	×	○ 1カ月（生）/2週間（ゆで）	54
だいこん	100%	◎ 1~2週間（冷暗所）	○ 10日間	○ 6カ月	◎ 1カ月	56
たけのこ	100%	×	○ 1週間	○ 1週間（冷蔵）	○ 1カ月	117
たまねぎ	99%	○ 1カ月（冷暗所）	○ 10日間（皮つきまるごと）	○ 1カ月（冷蔵）	◎ 1カ月（皮つきまるごと）	62
チンゲンサイ	100%	△	○ 5日間	×	○ 1カ月	93
とうがらし	99%			◎ 1年	◎ 1年	33
とうがん	100%	○ 半年（まるごと/冷暗所）	○ 1カ月（まるごと）5日間（カット）	×	○ 1カ月	48
とうみょう	80%	○ 1週間	○ 10日間		○ 3週間	110
とうもろこし	60%	△	△ 3日間	×	○ 1カ月/2カ月（皮をむかずにまるごと）	50
トマト	99%	△	○ 10日間	◎	○ 1カ月	28
なす	95%	△ 1~2日間	○ 1週間	○ 1カ月	○ 1カ月	40
なばな	100%	×	○ 5日間		○ 1カ月	88
にがうり	99%	△ 4日間	○ 1週間	○ 1週間（冷蔵）	○ 1カ月（まるごと）/3週間（カット）	46
にら	100%	△	○ 5日間	×	○ 1カ月	92
にんじん	100%	◎ 4日間（冷暗所）	○ 2週間	○ 1カ月（冷蔵）	○ 1カ月	60
にんにく	95%	○ 3週間	○ 3週間	○ 半年	○ 1カ月	112
ねぎ	99%	○ 1週間	○ 10日間	○ 2週間（冷蔵）	○ 1カ月	90
ハーブ類	100%	△	◎ 2週間	○ 半年（冷蔵）	○ 1カ月	102
はくさい	100%	○ 3週間	○ 2週間	◎ 4~5日間	○ 1カ月	82
パクチー	100%	△	○ 10日間	○ 1カ月（冷蔵）	○ 1カ月	95
バジル	100%	△	○ 1週間	○ 半年（冷蔵）	○ 1カ月	99
パセリ	100%	△ 2~3日間	○ 10日間	○ 半年（冷蔵）	○ 1カ月	98
パプリカ	90%	△	○ 10日間	◎ 10日間（冷蔵）1カ月（冷凍）	◎ 1カ月	31
ピーマン	99%	△	○ 10日間	△	○ 1カ月	30
ブロッコリー	100%	△ 1日	○ 10日間	△ 3日間（冷蔵）	○ 1カ月	104
ほうれんそう	100%	×	○ 1週間（生）/5日間（ゆで）	×	○ 1カ月	84
みずな	100%	×	○ 2週間	×	○ 3週間	79
みつば	95%	△	◎ 1週間	○ 1カ月（冷蔵）	○ 1カ月	96
ミニトマト	99%	△	○ 10日間	◎ 1カ月（天日干し）	◎ 1カ月	29
みょうが	100%	×	○ 10日間	○ 5日間（冷蔵）	○ 1カ月	100
もやし	100%	×	◎ 1週間	○ 4日間（冷蔵）	○ 3週間	108
モロッコいんげん	98%	△	○ 10日間（生）/3日間（塩ゆで）		○ 1カ月（生）/2週間（塩ゆで）	35

	可食部	常温	冷蔵	乾燥	冷凍	ページ
やまいも	92%	○	○ 1カ月（皮つきまるごと）	×	◎ 1カ月（皮つきまるごと）	66
レタス	100%	×	○ 2週間	×	○ 3週間	78
れんこん	100%	○ 10日間（冷暗所）	○ 10日間（皮つきまるごと）	◎ 2週間（冷蔵）	◎ 1カ月（皮つきまるごと）	65
ローズマリー	100%	○	○ 1週間	○ 半年（冷蔵）	○ 1カ月	101

果物

	可食部	常温	冷蔵	乾燥	冷凍	ページ
アボカド	70%	○ 熟すまで	○ 4日間	○	○ 1カ月	155
いちご	98%	△ 1日間	○ 5日間	○ 1週間	○ 1カ月	144
いちじく	100%	△ 2日間	◎ 5日間	×	◎ 1カ月（まるごと）	134
かき	98%	△ 3日間	○ 1カ月	◎	◎ 2カ月（まるごと）/1カ月（カット）	128
キウイフルーツ	95%	△ 2日間	○ 1~2週間	○ 5~7日間	◎ 1カ月（まるごと）	136
グレープフルーツ	99%	○ 10日間	○ 1カ月	△ 3カ月（皮のみ）	○ 2カ月	148
さくらんぼ	98%	○ 5日間	△	△ 3週間	○ 1カ月	152
すいか	90%	○ 10日間（まるごと）	◎ 10日間（まるごと）/5日間（カット）	×	◎ 1カ月（カット）	140
なし	99%	○ 2週間	○ 1カ月	○	◎ 2カ月（まるごと）/1カ月（カット）	126
パイナップル	80%	○ 10日間（まるごと）	○ 10日間（まるごと）/5日間（カット）	○	○ 1カ月（カット）	138
バナナ	99%	○ 5日間	△	○ 3週間	○ 1カ月	150
ぶどう	100%	△ 2日間	○ 10日間	◎	◎ 2カ月（まるごと）	132
ブルーベリー	100%	○ 4日間	◎ 10日間	○	◎ 1カ月	142
マンゴー	90%	○ 3日間	○ 3日間	○	○ 1カ月	154
みかん・かんきつ類	99%	○ 2週間	○ 3週間	△ 3カ月（皮のみ）	○ 1カ月	149
メロン	95%	○ 5日間	○ 3日間	△	○ 1カ月	153
もも	80%	△ 2日間	△	×	◎ 2カ月（まるごと）/1カ月（カット）	130
洋なし	95%	○ 2週間	○ 1カ月	×	◎ 2カ月（まるごと）/1カ月（カット）	127
りんご	99%	○ 1カ月	○	○	◎ 3カ月（まるごと）/1カ月（カット）	124
レモン	99%	○ 10日間	○ 1カ月	○ 3カ月（皮のみ）	○ 1カ月	146

魚介

	可食部	常温	冷蔵	乾燥	冷凍	ページ
アサリ・ハマグリ	100%	×	○	×	○ 1カ月	181
アジ	80%	×	○ 2~3日間	○	○ 2~3週間	166
イカ	98%	×	○		○ 3~4週間	176
イクラ	—	×	○ 1週間	×	○ 2カ月	171
イワシ	80%	×	○ 2~3日間	○	○ 2~3週間	164
ウナギ	100%	×	○	×	○ 1カ月	184
エビ	100%	×	○	△	○ 3~4週間	178
カキ	100%	×	○	×	○ 3~4週間	180
カツオ	80%	×	○	○	○ 2~3週間	168

	可食部	常温	冷蔵	乾燥	冷凍	ページ
かまぼこ	―	✕	◯ 1週間	✕	◯ 2ヵ月	188
カレイ	80%	✕	◯ 2~3日間	◯	◯ 2~3週間	169
コンブ	100%	✕	◯ 3日間	◯	◯ 1ヵ月	185
サケ	80%	✕	◯ 2~3日間	◯	◎ 3~4週間	170
サバ	80%	✕	◯ 2日間	◯	◯ 2~3週間	174
サンマ	80%	✕	◯ 2~3日間	◯	◯ 2~3週間	167
シジミ	100%	✕	◯	✕	◎ 1ヵ月	182
シラス	100%	✕	◯ 5日間	◯	◯ 2~3週間	165
タイ	80%	✕	◯ 2~3日間	◯	◯ 2~3週間	175
タコ	97%	✕	◯	◯	◯ 3~4週間	177
タラ	80%	✕	◯ 2~3日間	◯	◎ 2~3週間	172
ちくわ・さつま揚げ	―	✕	◯	✕	◯ 2ヵ月	188
ちりめんじゃこ	100%	✕	◯ 7~10日間	◯	◯ 3~4週間	165
ひじき	100%	✕	◯ 3日間	◯	◯ 1ヵ月	187
ブリ	80%	✕	◯ 2~3日間	◯	◯ 2~3週間	173
ホタテ	100%	✕	◯	✕	◯ 1ヵ月	183
マグロ	100%	✕	◯ 2日間	✕	◯ 1ヵ月	162
ワカメ	100%	✕	◯ 3日間	◯	◯ 1ヵ月	186

肉類

	可食部	常温	冷蔵	乾燥	冷凍	ページ
牛肉	―	✕	◯ 2~3日間	✕	◯ 2~3週間	194
砂肝	―	✕	◯ 3~4日間（ゆでて流水で洗って）	✕	◯ 3~4週間（ゆでて流水で洗って）	204
ソーセージ・ベーコン	―	✕	◯	✕	◯ 2~3週間	202
鶏肉（ささみ）	―	✕	◯ 3~4日間（ゆでて）	✕	◯ 2~3週間	199
鶏肉	―	✕	◯ 2~3日間	✕	◯ 2~3週間	198
ハム	―	✕	◯	✕	◯ 2~3週間	202
ひき肉	―	✕	◯ 3~4日間	✕	◯ 2~3週間	200
豚肩ロースかたまり肉	―	✕	◯ 2~3日間	✕	◯ 2~3週間	197
豚肉	―	✕	◯ 2~3日間	✕	◯ 2~3週間	196
豚ヒレ肉	―	✕	◯ 2日間（生）・4~5日間（加熱調理後）	✕	◯ 2~3週間	197
ホルモン系	―	✕	◯ 3~4日間（ゆでて流水で洗って）	✕	◯ 3~4週間（ゆでて流水で洗って）	203

乳製品・卵

	可食部	常温	冷蔵	乾燥	冷凍	ページ
牛乳	―	✕	◯ 開封後5日間	✕	◯ 1ヵ月	208
卵	―	△	◯ 3週間	✕	◯ 2~3週間	212
チーズ	―	✕	◯ 1~2週間	✕	◯ 1~2ヵ月	214
生クリーム	―	✕	◯ 開封後3日間	✕	◯ 1ヵ月	209

	可食部	常温	冷蔵	乾燥	冷凍	ページ
バター	—	×	○ 1カ月	×	○ 半年	211
ヨーグルト	—	×	○	×	○ 1カ月	210

穀物・大豆

	可食部	常温	冷蔵	乾燥	冷凍	ページ
油揚げ	—	×	○ 4~5日間	×	○ 3~4週間	225
ごはん・もち	—	×	○	×	○ 1カ月（ごはん） 1~2カ月（もち）	219
小麦	—	○ 6カ月	△			226
米	—	○ 1~2カ月	○		△ 3カ月	218
雑穀	—	○ 1~2カ月	○	×	×	222
大豆	—	×	○ 2~3日間（ゆでて）	○ 2週間（いって）	○ 1カ月	220
豆腐	—	×	○ 4~5日間	×	◎ 3~4週間	223
納豆	—	×	○ 1週間	×	○ 3~4週間	224

調味料・その他

	可食部	常温	冷蔵	乾燥	冷凍	ページ
油	—	○	×	×	×	234
お茶	—	○ 2週間~1カ月	○ 2~4週間（未開封）	×	○ 2カ月~1年（未開封）	232
ケチャップ	—	×	○ 1カ月	×	×	233
コーヒー	—	○ 1~2週間	○ 1~2週間（未開封）	×	○ 3カ月（未開封）	232
酒	—	○	○	×	×	229
砂糖	—	○	×	×	×	230
塩	—	○ 無期限	×	×	×	230
しょうゆ	—	○	○ 1カ月	×	×	228
酢	—	○	○	×	×	228
ソース	—	×	○	×	×	231
マヨネーズ	—	×	○ 1カ月	×	×	233
みそ	—	×	○ 1~2カ月	×	○ 1~2カ月	231
みりん	—	○	○	×	△	229

著者 沼津りえ（ぬまづ）

料理研究家、管理栄養士、調理師、料理教室「COOK会」主宰。
東京の杉並区阿佐ヶ谷を中心に、数多くの料理教室を開催。バラエ
ティー豊かなレッスン内容で、幅広い年齢層の生徒に支持されている。
著書に『低糖質だからおいしい！「おやつ＆スイーツ」』（K&M企画室）、
『米粉があれば！ パンもおかずもおやつも極上』（主婦の友社）、『母か
ら娘に伝えるはじめてのLINEレシピ』（ART NEXT）などがある。
HP　https://riecookcookcook.jp/

スタッフ

編集制作　　　　　　　　　regia inc.
クリエイティブディレクション　石倉ヒロユキ
写真　　　　沼津そうる、石倉ヒロユキ、Fotolia
デザイン　　和田美沙季、伊藤奈菜（regia）
テキスト　　沼津そうる、羽鳥明弓、須藤桃子
編集担当　　木村晶子（主婦の友社）

参考文献

『名前がわかる！ フルーツ＆ベジタブル図鑑』主婦の友社
『からだにおいしい 魚の便利帳』高橋書店
『調味料とたれ＆ソース王道レシピ手帖568』主婦の友社
『たれ・ソースの基本とアレンジ571』学研プラス
『からだのための 食材大全』NHK出版

食品長持ち保存術（しょくひんながもちほぞんじゅつ）

令和6年5月31日　第1刷発行

著　者　沼津りえ（ぬまづ）
発行者　平野健一
発行所　株式会社主婦の友社
　　　　〒141-0021
　　　　東京都品川区上大崎3-1-1 目黒セントラルスクエア
　　　　電話 03-5280-7537（内容・不良品等のお問い合わせ）
　　　　　　　049-259-1236（販売）
印刷所　大日本印刷株式会社

Ⓒ Rie Numazu 2024 Printed in Japan
ISBN 978-4-07-459359-0